スーパーマーケットの
ブルーオーシャン戦略

Blue Ocean Strategy

未曾有の時代の
バイブル

商人伝道師
水元 均
Hitoshi Mizumoto

「常識」はすべての可能性の芽を潰してしまう。

商業界

「未曾有の時代のバイブル」
スーパーマーケットのブルーオーシャン戦略

Contents

第2章

第3章 ブルーオーシャンの「販売戦略」……87
——「加工日基準の鮮度管理」と「在庫ゼロ」、そして「単品量販力」

第4章 ブルーオーシャンな「メガヒットづくり」……125
——お客さまのエモーションを刺激してあげれば爆発的に売れる

ブックデザイン●ecru 徳武伸子／佐藤律子

はじめに

ブルーオーシャンでもっと「儲け」よう

——あなたのお給料は「荒利益高」から出ています

「すべての人は世界を変えたいと思っているが、
自分を変えようとは思っていない」

（トルストイ）

「常識はすべての可能性を奪い取る」

皆さん、「常識」にとらわれすぎていませんか？

「こんなことに挑戦してみたいんですけど…」

「ダメだ！　そんなこと〝常識的〟に見ても失敗するに決まっている」

「そんなことをしたらロスがたくさん出るぞ。やめとけ。うちのレベルでは早過ぎる」

というような会話…。していませんか？

常識は、「すべての可能性」の芽を摘み取ってしまいます。

「業界常識」と「あなたの会社の常識」。

この2つが、あなたの会社から可能性と進化のスピードを奪い取ってしまいます。

「常識」にとらわれ過ぎていたら、いつまでたっても進化できず、現状を打破できません。

そして、いつまでも「価格（安さ）」の闘いを続けていかなければならない。

「価格競争＝レッドオーシャン（血みどろの闘い）」をいつまで続けるつもりです

か？

価格競争のみの闘いは、最終的には資本力の強い企業が勝つのです。

これは火を見るより明らかです。

しかし、「常識」にとらわれている企業は「ニューへの挑戦」が怖い。

なぜでしょう？

「やったことがないから」「他の企業がやっていないから」「他の企業で成功してから、やってみようと思っているから」…。

「ノープレー・ノーエラー」体質――。

そんな体質を持ったスーパーマーケットでは、これからの時代、生き残っていくことは難しい。

では、どうするのか？

「価格競争＝レッドオーシャン（血みどろの闘い）」から脱却し、「ブルーオーシャン」への進出を図らなければならない。

「ブルーオーシャン」とは、「青い海」、「競争のない世界」ということです。

競合他社とは「異質」の闘いをする。競合他社と全く違う戦略をとる。

でも、皆さん、こう思っておられますよね。

「そんな虫のいい話なんてねぇよ〜！」と。

しかし、現実に「ブルーオーシャン」状態での店舗展開を実現している企業が存在するのです。

本書は――。

「うちの店もブルーオーシャン状態にしたい！」と少しでも思われる方は、ぜひ最後まで読んでみてください。

逆に、「うちはレッドオーシャンで勝っていくのだ」という方には全くお役に立てないと思うので、ここで読むのをやめることをおすすめします。

はっきり言って、「ブルーオーシャン」への挑戦は、そんなに難しいことではありません。

「勇気」と「絶対にやり抜く執念」さえあれば実現できます。

「企業規模」は全く関係ありません。

「店舗規模」は全く関係ありません。

働いている方々の「能力・才能」も全く関係ありません。

コンピュータ導入などの設備投資は一切必要ありません。

コンサルタントを雇わなくても実現できます。

現状の店舗で、現状のシステムで、現状の人材で実現できるのです。

なぜ、小生がここまで自信を持って言えるのか?

それは、コンサルタントとしてこれまで「ブルーオーシャン」状態となったスーパーマーケット企業を数多く輩出してきたからです。

取り組みを始めたならば、あきらめることなく、自分たちのモノになるまで、「改善・改革」してみてください。

必ずブルーオーシャン型のスーパーマーケット企業になれます。

「スーパーマーケットのブルーオーシャン戦略」――。

皆さん、挑戦してみませんか?

業界平均〝横並び主義〟のまん延

小生のコンサルティングの基本に、「儲かる企業づくり」というものがあります。

スーパーマーケットなどの小売業の「給料」は、なぜ他業界よりも安いのでしょうか？

その理由としてよく「生産性が低いこと」が挙げられてきました。

もともと「人材集約型」産業なのですから、売上げに対する人件費率は他業界よりも高くなる。これはこの業界の宿命だと思います。

しかし、だからといって、「給料が他業界よりも安い」という事実をそのままにしておいてよいわけがありません。

スーパーマーケットが「人気企業」になるためには、やはり、「給料」水準が高くなければいけない。

もちろん、それだけではありませんが、最低基準として一定の給料水準は必要です。

では、どうしたらよいのでしょうか？

答えはシンプル。「もっと儲かる業界にすること」です。

こんなことを言ったら、諸先輩方におしかりを受けると思いますが、あえて申します。

「スーパーマーケットは儲け方がヘタなんです」

なぜ、スーパーマーケットは、儲からないのでしょうか？

そもそも、「損して儲けよ！」「お店はお客さまのためにある」「損得より先に善悪あり」といった、「商人道」が根強くある業界ですので、今まで「儲け」という題材で何か書物を書くということ自体、〝タブー視〟されてきた部分もあったと思います。

しかし、「店は客のためにある」というフレーズの後に、「そして、店員と共に栄える」というフレーズが来るように、お客さまに支持されながら儲ける方法があるはずです。

「儲け（利益）」という言葉を使うこと自体に「罪悪」というイメージがあって、あえて使わない経営者があまりにも多い。

そのために、全社員「儲け」の意識が低くなっているのではないでしょうか？

もっと〝儲ける〟ことができるのに、「こんなもんだよねー」と妥協しているのではないでしょうか？

「業界平均がこれくらいだから、こんなもんかー」という〝横並び主義〟がまん延しているのではないでしょうか？

この思いに至ったときから、小生はクライアント企業に「儲けろ！」という言葉を頻繁に使い、意識化をさせ、行動を変えてもらいました。

すると、どうでしょう…？

〝急速〟に儲かるようになったのです。

荒利益高が〝飛躍的〟にアップしたのです。

税引き前利益（経常利益）が〝劇的〟に増えたのです。

業界平均を〝凌駕《りょうが》〟する各種経営数値をたたき出すようになりました。

現在、小生のクライアント企業の約90％は、既存店売上高を伸ばしながら、「過去最高益」を毎年出し続けてきています。

当然、働いている社員の給料も上がり始めました。ボーナスも「過去最高」を更新し続ける企業が続出しています。

社員の方々が自分自身の力で「幸せ」をつかみ取ったのです。

「そんなことは絶対にあり得ないよ～」「ＰＯＳ分析とか、パソコン分析とか難しい方法を駆使したんじゃないの？　システムを買えということ？」「労働時間短縮・レイバースケジューリングなど、人の管理をしろ！ってことじゃないの？」――。

答えは、すべて「ノー」です。

その証拠に、本書には、今までの収益アップの「三種の神器」的存在――「システム」「レイバースケジューリング」「分析」という言葉はほとんど出てきません。

そんなことをしなくても、荒利益高は上がり、収益力はアップするのです。

なぜ、こんなに自信を持って言えるのか?

それは、実際に「結果」を出してきたからです。

「荒利益率が高いから」従業員教育に投資できる

「今世紀、アメリカが生み出した最高の産業、それはスーパーマーケットである」

これは、J・F・ケネディ第35代アメリカ大統領が民衆の前で演説した有名な言葉です。

それくらい、アメリカにとって、「スーパーマーケット」は特別なものであり、アメリカが世界に誇る産業といえるのかもしれません。

図表①は、アメリカの有名経済誌「フォーチュン」が公表した2008年の「アメリカで最も働きたい企業100」です。

このランキングには、スーパーマーケット企業がたくさんランキングされています。

3位　ウェグマンズ(Wegmans Food Markets)

16位　ホールフーズマーケット（Whole Foods Market）
26位　スチューレオナード（Stew Leonard's）
91位　パブリックス（Publix Super Markets）
そして、その他スーパーマーケットではないですが、
7位　スターバックス（Starbucks）
20位　コンテナストア（Container Store）
28位　クイックトリップ（Quik Trip）
33位　ステーションカジノ（Station Casinos）
36位　ノードストローム（Nordstrom）
など、小売り・サービス業が次々にランクインしています。
ちなみに、近年の日本で大卒者を対象とした様々な「就職したい企業ランキング」を見てみると、全くスーパーマーケットは入っていません。それどころか上位10社にも入っていないのです。
なぜ、こうも日本とアメリカで違うのでしょうか？
この原因を片っ端から調べてみました。すると、いろんなコンサルタントの先生方や

図表①　アメリカで最も働きたい企業100（2008年）

1	Google
2	Quicken Loans
3	Wegmans Food Markets
4	Edward Jones
5	Genentech
6	Cisco Systems
7	Starbucks
8	Qualcomm
9	Goldman Sachs
10	Methodist Hospital System
11	Boston Consulting Group
12	Nugget Market
13	Umpqua Bank
14	Network Appliance
15	W. L. Gore & Associates
16	Whole Foods Market
17	David Weekley Homes
18	OhioHealth
19	Arnold & Porter
20	Container Store
21	Principal Financial Group
22	American Century Investments
23	JM Family Enterprises
24	American Fidelity Assurance
25	Shared Technologies
26	Stew Leonard's
27	SC Johnson & Son
28	QuikTrip
29	SAS Institute
30	Aflac
31	Alston & Bird
32	Rackspace Managed Hosting
33	Station Casinos
34	Recreational Equipment, Inc. (REI)
35	TDIndustries
36	Nordstrom
37	Johnson Financial Group
89	Bright Horizons Family Solutions
90	PricewaterhouseCoopers
91	Publix Super Markets
92	Milliken
93	Erickson Retirement Communities
94	Baptist Health South Florida
95	Deloitte & Touche USA
96	Herman Miller
97	FedEx
98	Sherwin-Williams
99	SRA International
100	Texas Instruments

評論家の方々が分析されているのです。

いわく、「アメリカで最も働きたい企業」上位にランキングされている企業は、「ロイヤルカスタマー（上顧客）づくりに優れている」「従業員のクオリティーが高い」「教育カリキュラムが整備されている」「地元密着である」「賃金やボーナスが高い」などなど…。


でも、なんだか腑《ふ》に落ちない。だから、もっと深く調べてみたのです。

すると意外な「共通項」が浮かび上がってきました。

それは「荒利益率（高）が高い」ということです。

ちなみに、どれくらいだと思いますか？

上位にランキングされているスーパーマーケット企業はほとんどが荒利益率30％台。それも30％台後半なのです。

いわゆる、「儲けている」ということです。

〝荒利益率〟が高いから、〝荒利益高〟が多いから、「従業員教育に投資できる」「ロイヤルカスタマーへのサービスを手厚くできる」。

そして、「従業員に賃金やボーナスをたくさん支給できる」。

ごくごく当たり前のことなんですけど…。

ちなみに、ウェグマンズの平均年収「4万7775ドル」（1ドル100円換算で478万円）、ホールフーズマーケットの平均年収は「7万2894ドル」（同729万円）。ウォルマートの平均年収は「2万5563ドル」（同205万円）ですから、それと比べてはるかに高い。

これに対して、日本のスーパーマーケットの平均年収は「約313万円」です。日本の全業種の平均年収「437万円」に比べると100万円以上も低い。

これが、「アメリカで働きたい企業100」にスーパーマーケットが上位にランクアップされている理由だと小生は確信したのです。

みんなが幸せになるためにもっと荒利高を意識する

ひるがえって、日本のスーパーマーケットは、「儲けていない」のです。

ただし、ここで言う「儲け」とは、「営業利益」や「税引き前利益（経常利益）」のことではありません。

「荒利益高」のことです。

アメリカで「働きたい企業」ランキングの上位に入っているスーパーマーケット企業は、「荒利益率を取るのが上手な企業」と言っても過言ではありません。

ちなみに、世界にある全業種の中で最も売上げの大きいウォルマートは「２００８年米国で最も働きたい企業１００」にランクアップされていない。

「ホーム・デポ」も入っていないし、「ターゲット」も「コストコ」も入っていない。

企業規模と「人気のある企業」には相関関係がないのです。

ということは、日本一大きいスーパーマーケットの企業にはなれないけれど、アメリカのように「働きたい企業」ランキング上位にはなれるかもしれないということです。

では、なぜ、日本のスーパーマーケットは荒利益率が低いのでしょうか？

１９６０年代、日本のスーパーマーケットは、成長するために、「売上高」と「営業利益」のみを重視して規模拡大を図ってきました。

確かに、人口が増加傾向にあった当時では、それが正解だったと小生も思います。

しかし、これからの時代は、高度成長期とは１８０度違います。

ご承知の通り、「人口減」「高齢化による消費力の低下」「団塊ジュニアへの消費シフト」

などが起きてきます。

ということは、今までの「売上高」「営業利益」オンリー主義から「荒利益高」主義にシフトしなければいけないということなのです。

ここで、小生から皆さんに質問です。

「あなたのお給料はどこから出ていると思いますか？」

「お客さま？」「会社？」「売上高？」

正解は…。「荒利益高」です。

財務および経理上の計算式からいうと、「荒利益高」から皆さんのお給料は捻出されているのです。

もちろん、「荒利益高」の源は、お客さまを大切にすることであり、会社が良い会社であることが条件であり、売上高が増えないと荒利益高が増えないことも確かです。

でも、スーパーマーケットで働いている皆さんに小生は言いたい。

「皆さんが幸せになるために、〝荒利益高〟をもっと意識してほしい」と。

そして、経営者や管理職の方々にも、もっと荒利益高を意識してもらいたい。

自分たちが一生を捧げる会社を、そしてその業界を、自分たちの手で「地位向上」させていくのだという〝使命感〟を持ってもらたい。

そうでなければ、日本全体が良くならないと小生は思っています。

というのも、資源と労働力を抱えている新興国（BRIC'S 中心）がこれからの「世界のリーダー」となることは火を見るより明らかです。

そこで、資源もない、労働力も減退している日本が今後行っていかねばならない政策は「内需拡大」しかないのです。

その内需拡大の大きな柱の一つが〝「スーパーマーケット」の繁栄〟ということになってこなければならないのです。

そのためにも、スーパーマーケットは荒利益高を高めていかねばならない。そして「就職したい企業ランキング」での順位が上がってくるようにならなければいけない。

小生は、本気でそう思って自らの仕事に取り組んでいます。

確かに、「儲けという言葉を使い過ぎだ！」、とご立腹される読者の方もいらっしゃるかもしれません。

でも、これくらい使わないと、皆さんが「荒利益高」を意識してくれないのではと思い、あえて「儲け」という言葉を乱発しました。

第1章以降の章では、「儲け」という言葉はあまり出てきませんが、第1章から第7章にわたって書かれていることは、すべてこの「儲け」につながっているということを、ぜひ覚えておいてください。

では、「スーパーマーケットのブルーオーシャン戦略」の本題に入りましょう。

第1章

ブルーオーシャンな「マーケット分析」

――「中流の上」と「中流の下」を狙って「中流の中」も取る

「前の時代に生まれた哲学は、次の時代の常識となる」

（米牧師ヘンリー・ワード・ビーチャー）

「店に行かずに消費する」世代が増えてくる

消費の主役が、「団塊の世代」から「団塊ジュニア世代」に移った——。

小生の前著「スーパーマーケットの新常識！」（商業界刊）でもそのことに触れています。

この変化を読むことが、「ブルーオーシャン戦略」の大前提です。

ここで、２つの「人口ピラミッド」を見てください。

図表②は１９９５年の日本の男女別人口構成、**図表③**は２０２０年の推定男女別人口構成です（総務省）。

この2つの図に共通することは、ピラミッドの頂点が45～50歳に来ていることです。

図表②はバブル経済崩壊から４年後で、このころ45～50歳だったのが団塊世代です。

バブル景気は、団塊の世代が40代前半で一番消費・購買力が高まる世代（収入も増え、支出も増える世代）に位置づけられていたからこそ起きた、とも言われています。

その後、団塊世代以降の谷間の世代が一番消費・購買力が高まる世代になったとき、

図表② 1995年の日本の男女別人口構成

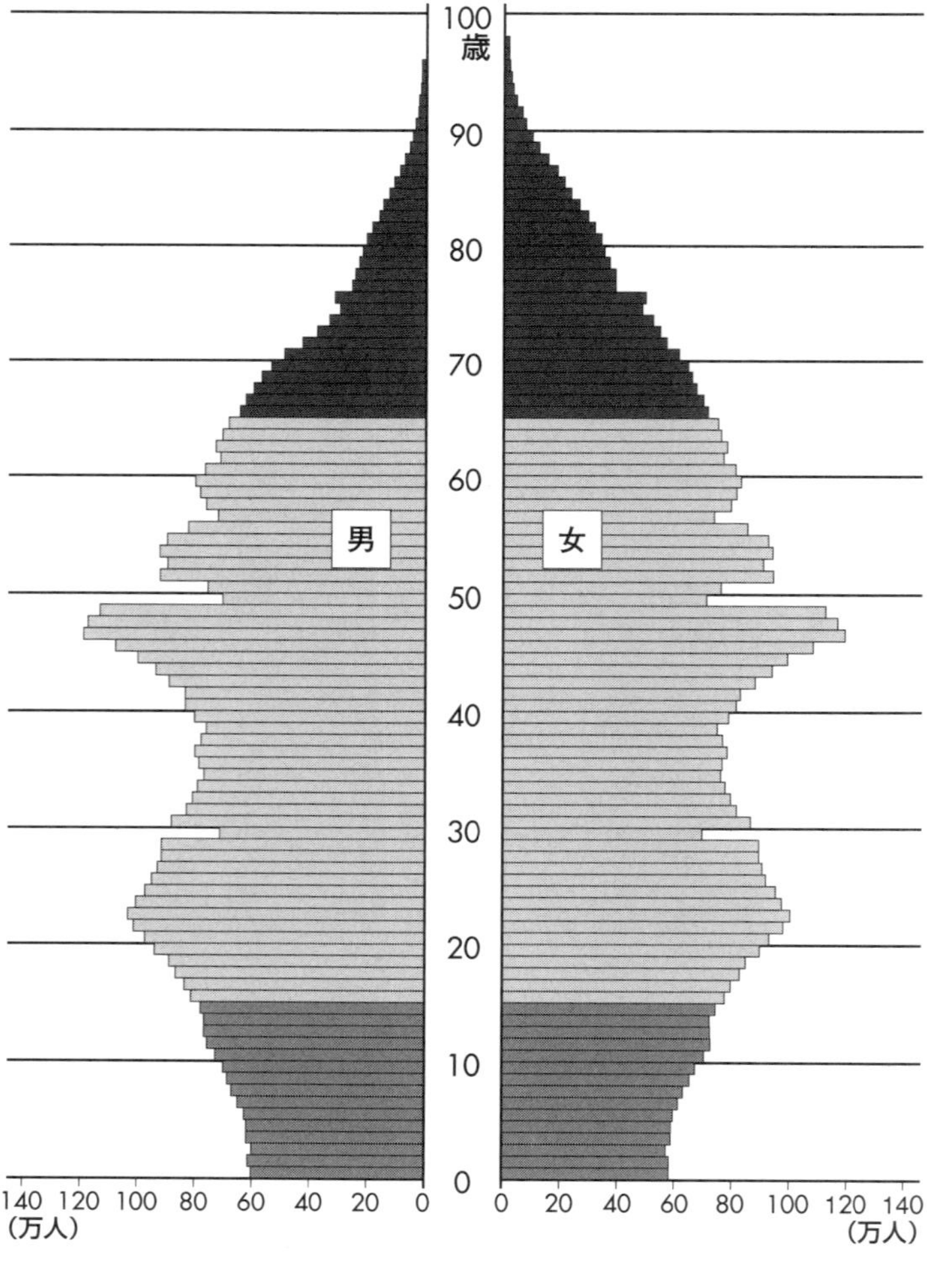

図表③　2020年の推定男女別人口構成

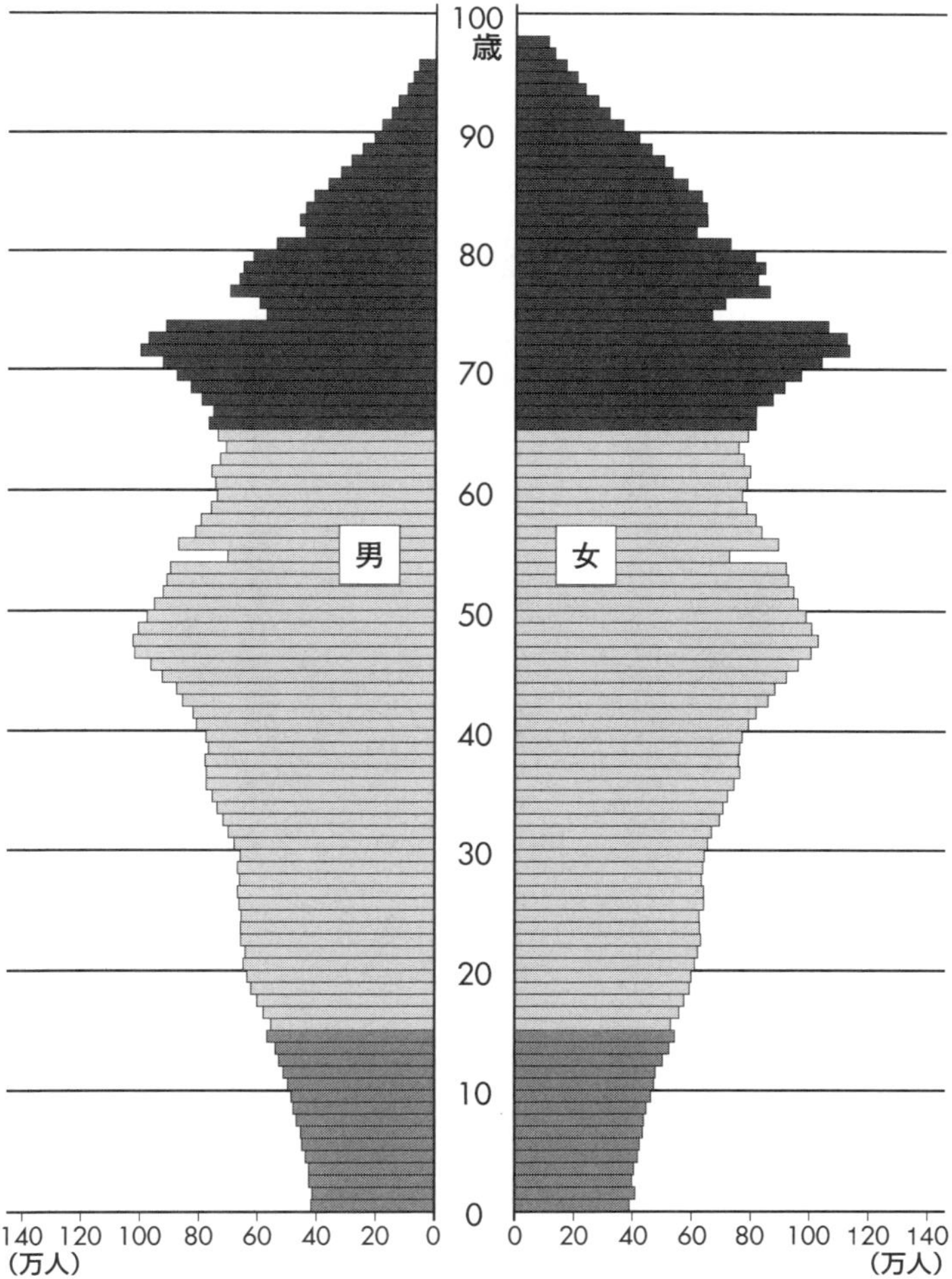

急激に景気が悪化してきた。

一方、図表④は、２００５年のアメリカの人口ピラミッドです。やはり、ピラミッドの頂点は40歳代にあります。

このころアメリカの景気は絶好調でした。いわゆる「住宅バブル」です。

これは〝偶然〟なのでしょうか。それとも〝必然〟なのでしょうか。

小生は希望的観測を込めて、「必然」と言っています。

ということは、「団塊ジュニア世代」が45～50歳代になる２０２０年辺りでもう一度、日本国内の消費・購買力のピークを迎えるということではないでしょうか。

「人口減」「高齢化」など、「一寸先は闇」のような情報ばかり目に入ってきますが、実は「一寸先は光」なのです。

しかし、今までのやり方では通用しない。

なぜなら、消費・購買スタイルが以前とは様変わりするからです。

これをしっかりと理解しないと、これからの「戦略」を立てることはできません。

では、どう消費や購買スタイルが変化しているのでしょうか？

一言で言えば、「店に行かずに消費する」世代が増える、ということです。

図表④　2005年のアメリカの人口ピラミッド

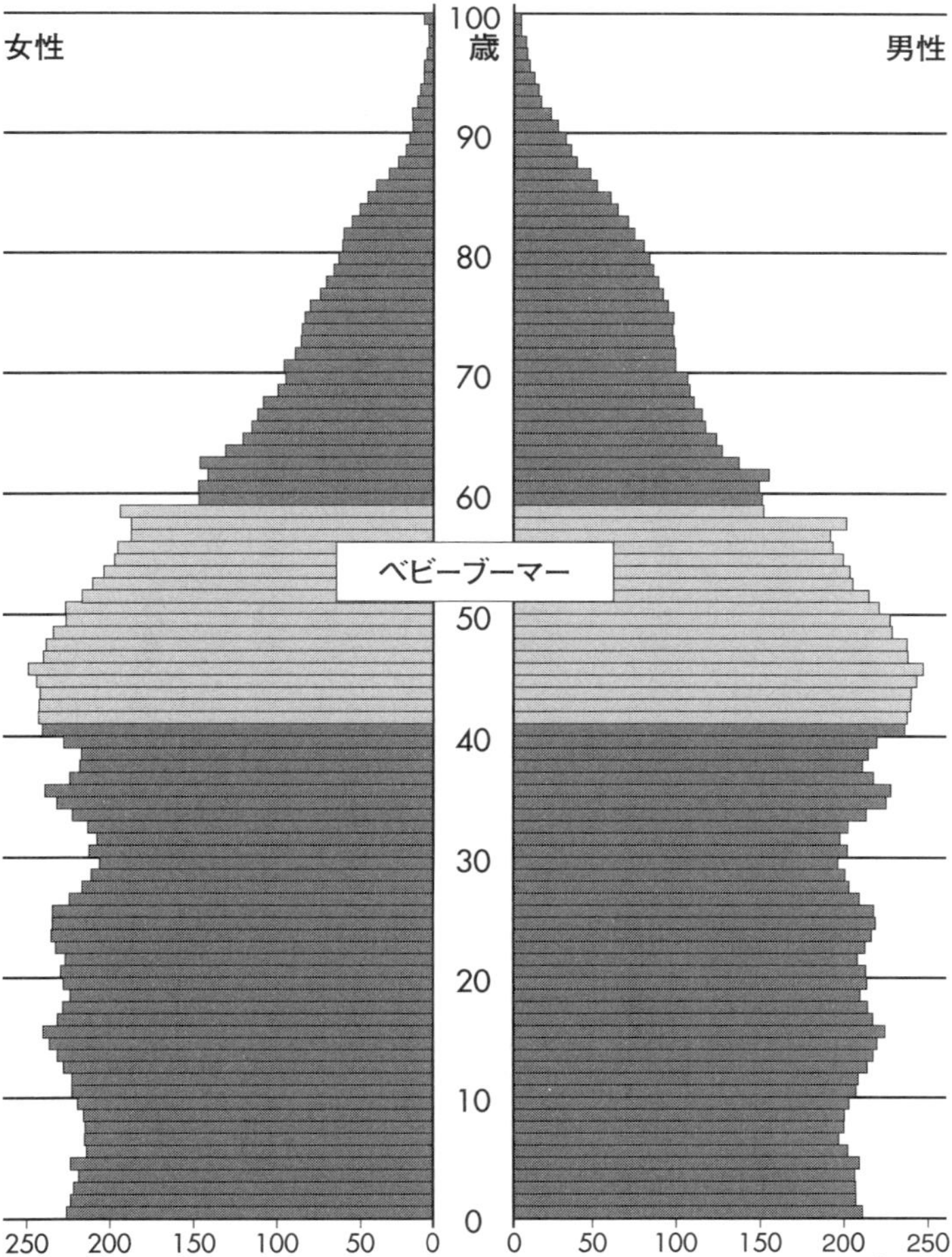

団塊の世代は、必ず自分の目で現物を確かめ、「吟味」し、「思案」して購入していました。

しかし、これからの消費の主流である「団塊ジュニア」世代は、実際に現物を「目」で確認しなくても、確かな「情報」で商品を購入するのです。

店舗ではなく、自宅で「吟味」し、「思案」は「比較」しながら行うから決断が早い。

こういう購買スタイルを確実に身につけてきているのです。

ちなみに、2007年の百貨店やスーパーの全店売上高は10年連続前年割れで、ピーク時に比べ約2兆～2兆8000億円も減ってきています。

コンビニの売上高も2007年まで8年連続で前年割れ（ただし、2008年はタスポの影響で一時的にプラスに転じる）。

2007年の小売業全体も135兆800億円とピーク時の10年前と比べて、なんと10兆2200億円も減少しているのです。

では、本当に「消費が減っているのか？」というとそんなことはありません。

2007年の民間最終消費支出（各目）は293兆3900億円で、10年前に比べて約9兆円も増え、消費はむしろ拡大基調にあるのです。

小売業が取り込めずに減らしてしまった10兆円分と足すと、この10年間で実に19兆円もの消費がどこかに消えてしまったということなのです。

消費者が身に付けた「消費行動の合理化」

19兆円は、どこに向かったのでしょうか？

それは、「無店舗」購買に向かったのです。

一番わかりやすい例で説明しましょう。10年前と比べて店舗数が半減した「書店」です。

しかし、一方でアマゾンジャパンに代表されるネット書店は2けたを超える勢いで成長し続けています。

アマゾンジャパンの２００７年度販売金額は、「有店舗」最大手の紀伊國屋書店に売上げで並ぼうというところまできているのです。

たった数年の間の出来事です。この現象は一言で言うと、「消費者のコスト意識の芽生え」だと思うのです。

今までのように、新聞折り込みチラシを見て、安いものを買いに、「卵ならA店」「魚の切り身が今日は安いからB店」「肉の小間切れを特売しているからC店」というような〝買い回り消費〟が実は「ムダ」であるということに気づき始めたのです。

考えてみれば簡単で、スーパーマーケット側も、この10～20年で物流や販売、管理などにおいて「合理化」を進めてきたわけで、消費者も同じように進化して、消費行動の「合理化」を身に付けてくるというのは当然といえば当然なのです。

これが理解できないと、これからのスーパーマーケットの戦略を考えることはできないのです。

もちろん、だからといって、すぐに「ネット販売」や「ネットスーパー」に進みなさいということではありません。

そうではなくて、「時間」や「手間」も勘定に入れて〝コスト感覚〟を身に付けた消費者に対し、店側がどのようなアクションを起こしていくか、ということなのです。

そう考えていくと…。

●新聞折り込みチラシでの〝原価を切った（損した）〟商品の羅列は本当に効果があるのか？　または必要なのか？

●日替わりや短期間の特売強化だけで本当にいいのか？
●高齢者を対象にした、「宅配サービス」だけで本当にいいのか？
●本部主体の〝横並び〟型の商品政策や店舗運営で本当にいいのか？
●商品名と価格だけを表示したＰＯＰで本当にいいのか？
という数々の疑問が浮かんできませんか？

「インビジブル・ファミリー」の登場と拡大

消費者が時間と手間のコスト感覚を身に付けつつある今、一方で「インビジブル・ファミリー」が急増しています。

「インビジブル・ファミリー」とは、「見えない大家族」という意味です。

すなわち、おじいちゃん、おばあちゃんは実際には一緒に住んでいないけど、息子夫婦、娘夫婦の自宅の近くに住んでいる家族のことです。

こういう家族が今、どんどん増えてきている。

おじいちゃんは「団塊世代」で定年退職し、時間を持て余している。

だからといって、いつもおばあちゃんと二人きりというわけにもいかない。

なぜなら、今まで仕事ばかりしていて相手にされなかったおばあちゃんは、既に「自分の世界」を持っている。

そこで、おじいちゃんはどうするかというと、息子さんや娘さん夫婦の代わりに孫の面倒を見てあげる。

そして、「君たち夫婦は働きなさい。将来のために、孫のためにこれからいろいろとお金が必要になるから…」と言って、おじいちゃんはもちろん、おばあちゃんも孫たちの面倒を見る。買物もする。

そうすることにより、おじいちゃん、おばあちゃんの夫婦仲も良くなり「熟年離婚」なんてなくなる（笑）。

こういう「新しいスタイルの3世代世帯」が築かれてきているのです。

昔の「日本型家族制度（3世帯同居）」の新しいスタイルです。

その証拠に、今、60歳以上の方の「ファミリーカー（ワンボックスカー）」の購入がすごく多いといいます。

この「インビジブル・ファミリー」を理解していないと、とんでもない過ちを犯しかねない。

例えば、「高齢化社会＝少量化」という考え方は正しいのか？　ということです。

皆さん、自分たちのお店がこのような「インビジブル・ファミリー」が多い地域なのかどうか、まず調べる必要性があります。

もしも、この「インビジブル・ファミリー」率が高かったら、「ビジネスチャンス」です。

高齢者の方が多いといって、「少量化」ばかりがよいというわけではない。

息子・娘夫婦の家族分まで購入されるので、逆に「大容量」が売れるということ。

そして、この「インビジブル・ファミリー」の多い地域は「イベント」にお金をたくさん使う傾向にある。「少子化」で「多財布化」ですから、「クリスマス」や「ひな祭り」「こどもの日」などのイベントは派手に楽しむ。

だから「イベント・マーチャンダイジング」にしっかりと取り組めば、お客さまから〝おひねり〟をいただける。

いわゆる「ビッグバーン」イベントが発生するのです。

「年老いた親と結婚しない子供」の世帯が増えている

もともと、日本のスーパーマーケット業界には、生鮮部門を中心に「2―3の原則」という量目設定の原則がありました。

「1つの商品で2人前、3人前の量目設定をしなさい」という原則です。

これは、〝今まで〟の「標準世帯」が、「夫婦と子供2人の世帯」だったから出てきた原則です。

しかし、内閣府の「国民生活世論調査」を見てみると、その「標準世帯」が全く増えていないのです。

1980年ごろから一貫して減少気味。その代わり、「単独世帯」がものすごく増え、1955年と比べると約23倍（1980年と比べても約2倍）となっています。

高度成長期は、全世帯の50%以上がこの「夫婦2人と子供2人」の〝標準世帯〟だったから、「2―3の原則」はドンピシャリと当たったたし、ニーズもあった。

しかし、内閣府の2010年予想では「夫婦2人と子供2人」世帯は全体の30%を切ってしまっている。

これを知っておかないと、生鮮部門の量目設定を間違ってしまい、売上げが取れないのはもとより、値引き・廃棄で、ものすごい「ロス」が出る。

さらに注目すべきは、「1人親と子供の世帯」が単独世帯と同じくらい増えてきていることです。

でも、皆さんはこれを見るとすぐにこう思うでしょ。

「離婚した家族が多くなっているのね…」、と。

しかし、実はこの「1人親と子供」世帯とは、「年老いた親と結婚しない子供」の世帯のことなのです。

「30～49歳の未婚者」がものすごく増えてきている中、いわゆる、「家庭内シングルライフ」世帯が増えてきているのです。

これに加えて、子供のいない「夫婦のみ世帯」も増えてきており、1980年と比べてその数2・3倍増です。

従って、今までの「標準世帯」向けの量目追求だけではなく、「個食化」対応もしていかなければならない。

この現象、スーパーマーケットの現場でも〝顕在化〟しているはずです。

例えば、「デリカ（惣菜）の売上増」と「刺身盛合せの売上不振」。

しかし、ただ単に「個食化」だと考えて、量目を減らすだけでは〝一品単価〟を落としかねず、それでは「儲からなくなる」。

では、どうするか？

「少量でもおいしくて価値がある商品」の開発に力を注ぐのです。

「年老いた親と結婚しない子供」世帯や、「夫婦のみ世帯」は実は収入が多いのです。可処分所得が高いといった特徴があります。

つまり、「価値」さえあれば少々売価が高くても購入してくれるのです。

この傾向が如実に〝顕在化〟したのが、都心部のいわゆる「デパ地下消費（購買）」です。

ですから、スーパーマーケットのバイヤーの方々には、「個食化対応ではまず値頃感で」という固定観念を捨てていただきたいのです。

「値頃感」ではなく、「価値ある商品」をどんどん商品開発する。

あとは、その「価値」をいかに「見える化」するかだけなのですから…。

「成功の鍵は的を見失わないこと」（ビル・ゲイツ）

「一億総中流」という言葉。

誰でも聞き覚えがあると思います。

高度成長期の日本人の生活を象徴するこの言葉が「死語」になりつつあります。

確かに今までは、約60％が「中の中」という意識を持っていました。

しかし、やはり内閣府の調査を見てみると、近年はその「中の中」という意識がどんどん低下してきている。

その半面、「自分は中の下もしくは下流」と思っている人や、「自分は中の上、もしくは上流」と思っている人が増えてきているのです。

いわゆる、「格差社会」となっていることがこの調査からもわかります。

ということは、今後増えてくるであろう意識層を中心に戦略を考え、その中で、今まで主流であった「中の中」の層も取り込んでしまう戦略が必要になってくるのです。

その証拠に、高度成長期の象徴的な車だったトヨタ自動車の「コロナ」は、既に20

01年に製造中止になっています。

小売業でも、ダイソーの「100円ショップ」は、自分自身を「中の下+下流」と思っている人々をターゲットとした戦略をとりながら、「中の中」や「中の上+上流」の人たちまで取り込んでしまいました。

さらに、「ファッションセンターしまむら」や「ユニクロ」も同じ戦略で大成功しました。

逆に、「コーチ（COACH）」などは、「手の届くブランド品（ニューラグジュアリー商品）」として戦略化し、「中+上流」をターゲットとしながら、「中の中」や「中の下+下流」と思っている人たちまで取り込みました。

このように、これから増えてくるターゲットを中心に戦略を考えて、今まで主流だった「中の中」を取り込む戦略が、これからの成功戦略ということではないでしょうか。

その証拠に「中の中」ターゲットを主流にした、総合スーパーの衣料品は壊滅状態です。もうこの現象は実際に起きていて、実は食品業界にも忍び寄ってきているのです。

この現実を理解して、「ターゲット戦略の見直し」をすることが今後、「レッドオーシャン」を避ける上でポイントになってくるのです。

「高度成長期のマーチャンダイジングの考え方」を〝意固地〟に貫くことは、「レッドオーシャン（血みどろの闘い）」になる原因をつくることなのです。

「成功の鍵は、的を見失わないこと。そこに時間とエネルギーを集中する」

マイクロソフト社の創始者、ビル・ゲイツの言葉であり、小生の大好きな言葉です。

まさしく〝今〟がその時ではないでしょうか。

「的」を見失ったら、本当に「儲からなく」なります。

「新店を出しても競合相手は何もしない」!?

もう一つ見失ってはいけない「的」があります。

それは、「新店ではなく、リニューアルを大事にしろ」ということです。

いわゆる100年に1度という、想像していなかった不況にさらされて、日本国内では、輸出産業を中心に企業のM＆A（吸収・合併）が起きて集約化が進むことが予想されます。

ということは、日本国内から人件費の安い国へ生産拠点をシフトしていくことも容易に予想できます。

だから、製造業を中心に「工場跡地」などの遊休地がどんどん出てくる。出店の大チャンスの到来です。

あとは、コスト交渉と売上げ・収益予測だけ――。

スーパーマーケットの店舗開発担当者の方にとっては、「この不況は絶好のチャンス」となるわけです。

たぶん、今までとはケタの違う〝大型物件〟が次から次へと舞い込んでくるでしょう。

しかし…。ここで、いったん新規出店で間違いを犯すと、それは即「会社の命取り」になることも事実です。

日本のスーパーマーケットは荒利益率が低いため、収益構造が脆弱《ぜいじゃく》です。

しかも、ドラッグストアや専門店と違い、出店コストがケタ違いに高い。

よって、新規出店に失敗すると「既存店」の〝儲け〟なんて一瞬のうちに消えてしまう。だから、これからの店舗開発担当者の仕事は、物件を探すことよりも「調整役」、すなわち経営トップの「K・K・D」での決定をいかに抑えるかが大事になるでしょう。

「K・K・D」とは、K…勘（カン）、K…経験（ケイケン）、D…度胸（ドキョウ）。

Hも付きます。〝はったり〟です。

さて、「山ほど出店地が出てくる」ということは、裏を返せば既存店の「競合」が激化するということにもなるのです。おわかりですか？

出店という、「攻める」（オフェンス）方向からばかり見ると〝ビジネスチャンス〟ですが、いざ「守る」（ディフェンス）という方向から見ると、〝競合激化〟という環境になるということです。

商売もチームスポーツと同じです。「攻撃」と「守備」の繰り返しで勝敗が決まる。

商売も、「攻撃」と「守備」、両方を消化しないと、〝勝負には負ける〟のです。

「攻撃」は楽しいし、面白い。アイデアもどんどん膨らんでくる。

しかし、「守備」はつらいし、苦しいし、アイデアも出ない。

だからこそ、この未曾有の不況期には既存店の〝リニューアル戦略〟が大切だと小生は思うのです。

だって、既存店のリニューアルは「コストパフォーマンス」が非常に高い。

新規出店は、「予測」は簡単に立てられますが、本当にその予測通りになるかというと「？」。

何しろ、日本のマーケティングリサーチ（出店調査）の基本は、「新規出店しても、近くの競合店は何もしない」ですから…。

小生も、次から次へと相談されてきました。「マーケティングリサーチ（出店調査）してもらったらこんな売上げ予測が出たがどう思うか?」と…。

小生は、一言こう答えます。

「この予測は、近くの競合店が対策を一切打たないということが前提でしょうか?」

売上高に挑戦するのか？　収益改善が目的か？

ことここに至って、経営者や店舗開発担当の方は「目をシロクロ」されます。

実は、私は前職のコンサルタント会社に勤めていたときに、ものすごい量の「マーケティングリサーチ」をした〝経験〟があり、いかにこの〝予測〟が「K・K・D・H」に頼っているかも知っています（もちろん素晴らしいリサーチ会社もたくさんありますが）。

だからこそ、この大不況下に会社が収益（儲け）を出し続けるためには、新店ではなく、ヒット率（成功率）の高い「リニューアル」戦略が大切だと小生は言っているのです。

新店ではなく、まず、計算できる既存店の〝活性化〟によって、収益力アップを図っていく。

ここで、〝ポイント〟があります。

既存店のリニューアルは、「収益力アップ」が目的であるということです。

しかし、既存店のリニューアルとなると、その動機は「店が古くなったから、そろそろ改装しようか？」「横の土地が空いたので店を広げようと思って…」「競合店が近くに出店してくるので、店も古いし、小改装しようと思っているんだけど…」などなど。

なぜかわかりませんが「収益力」アップが大前提ではないことが多い。

このような動機では、絶対に「収益力」はアップしません。

〝収益力アップ〟するリニューアルを継続的に実施すると、すごい「儲かる会社」に大変身するのに…。

図表⑤は「商人伝道師流リニューアルプロセス」です。

最大のポイントは、「リニューアル目的の明確化」と「売上目標の明確化」です。

図表⑤　商人伝道師流リニューアルプロセス

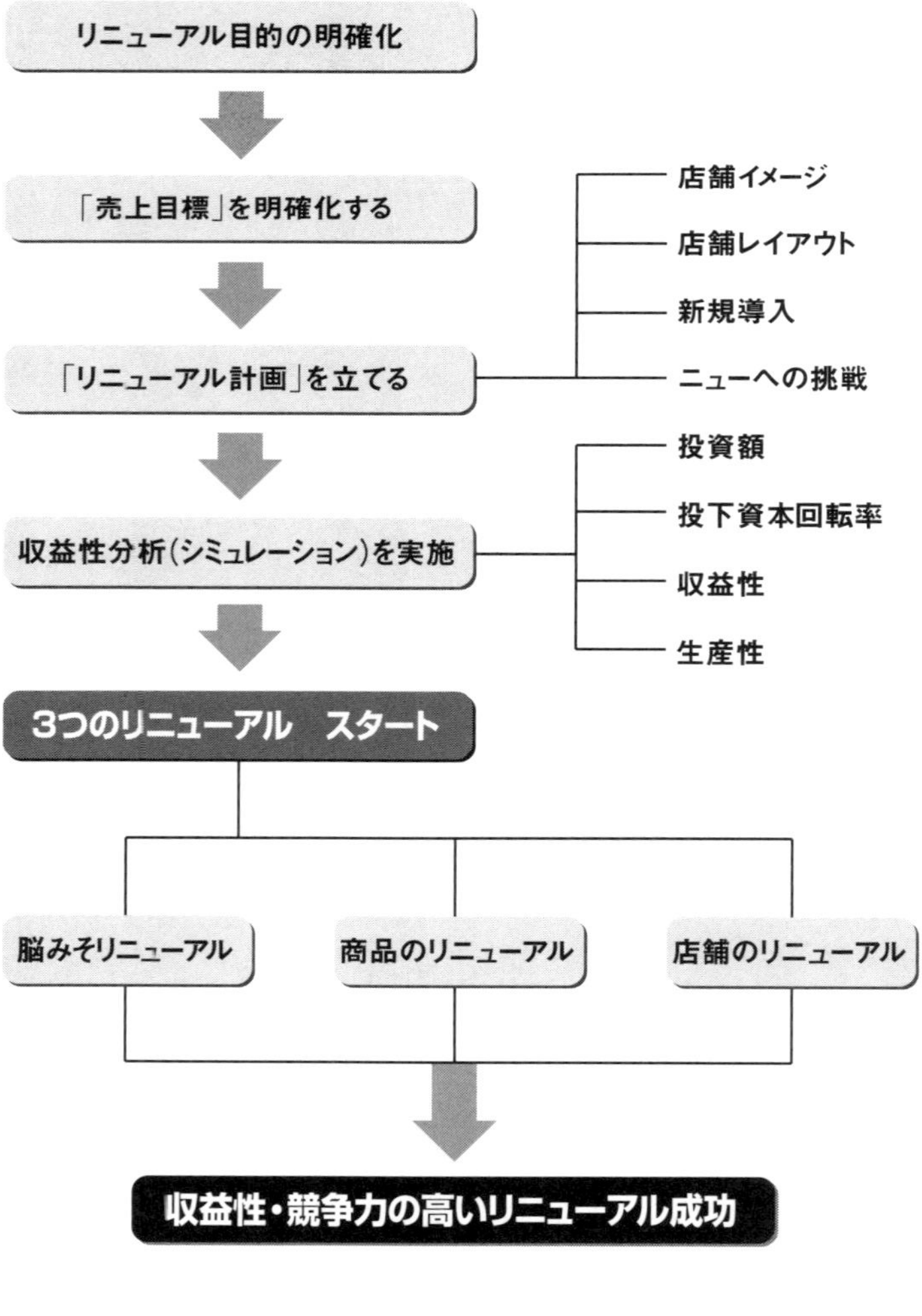

特に、小生がリニューアル時に重要視しているのが後者です。

「このリニューアルでいったいどれくらい売りたいのですか？」

「このリニューアルでいったいいくら儲かりたいのですか？」

「このリニューアルでの数値以外の〝目的〟は何ですか？」

と、リニューアルをお考えの経営者に、小生は「質問」を投げかけます。

「目的・目標」が明確でないと、ついつい「リニューアルすること」が目的になってしまうからです。

だから、「コストパフォーマンス」が低いのです。

「何のためにリニューアルするのか？」

「このリニューアルで売上高に挑戦するのか？　収益改善を目的としているのか？」

「リニューアル後、どれくらいの収益改善を考えているのか？」

これらを強く「意識化」し、全社員に徹底することが大切なんです。

「今回のリニューアルは、当社のフラッグシップストアをつくるために行う」

「そのためには、現状の年商15億円を20億円以上売り上げる店舗にする」

「そして、荒利益高主義のもと、〝結果として〟荒利益率を2ポイント向上させ、店舗段階での営業利益を4％以上にする」

というように、具体的な「目的・目標」を明確にし、それを全社員に「アファメーション（積極宣言）」することが大切なのです。

そうすると、目的が明確になるから、その「方向性」でみんなが動き始めるのです。

リニューアルが成功するか失敗するかの「紙一重」の差は、この「目的・目標」がしっかりと〝意識化〟されているかどうかなのです。

そして、それが意識化された後に大切なのが、「3つのリニューアル」の構築です。

これは、小生のクライアント先でもある、高知県の「サンシャインチェーン本部」の竹島寛相談役（前専務取締役営業本部長）から学んだものです。

同社では、新店やリニューアル時、この「3つのリニューアル」の同時進行を徹底し、「燃える集団づくり」を構築し、「リニューアルすれば130％以上の売上高が目標」を徹底させることで、確実に成果を上げています。

その「3つのリニューアル」とは…。

①店舗のリニューアル（ハードウエア）＝陳腐化した店舗では戦えません――

〝経営陣・バイヤー・店長・担当チーフ全員〟を店舗デザイン、店舗レイアウト立案時から参加させること――。

全員の経営への参画意識の徹底、トップダウンの時代はもはや過去。今はボトムアップの時代です。

「この店は自分たちの店である」という責任感を徹底的に意識化させるためです。

ですから、店舗デザイナーや店舗開発担当者は1度の新店出店やリニューアルで約20回はレイアウト修正が入るのが当たり前になります。

皆さんの企業はこんなに修正が入りますか？

店舗デザイナーや設計者の言いなりになっていませんか？
②商品のリニューアル（ソフトウエア）＝コンセプト、商品力、接客サービスなど――
「目的」や「目標」を経営陣が全バイヤーはじめ店舗従業員に向けて、「アファメーション（積極宣言）」しますので、徹底的に全バイヤー、従業員はその目的や目標を意識化させられます。

ですから、商品力、売場づくり、売り方、接客サービスなど「ニューへのチャレンジ」をどんどん企画していきます。

そうしないと、経営陣が宣言した「目的」や「目標」を達成できないからです。

③意識のリニューアル（ヒューマンウエア）＝人の鮮度（考え方）、意識改革──

新店やリニューアル店舗の従業員（社員、パート社員、アルバイト社員も含めて）は、7、8日間約30時間かけて、徹底的に「脳みその改装」の勉強会に参加させられます。

相撲でも「心（ヒューマンウエア）」「技（ソフトウエア）」「体（ハードウエア）」の充実が大事です。やはり「意識改革」「脳みその改装」です。

どんなに良い店も、どんなに良い商品も、〝魂〟が入っていなければ、ただの箱（店舗）、〝ただの死に筋〟になってしまう、「器つくって魂入れず」「器負け」の店舗になってしまうと、「店舗のリニューアル」の成果は全く出ないという考え方からです。

ですから、すべての従業員が「目的・目標」を意識化するために、会社の考え方や今回の出店・リニューアルの目的を〝耳にたこ〟ができるほど、「繰り返し」聞かされます。

以上3つが、これが、「奇跡のサンシャイン」と言われるまでになった〝急成長の秘密〟なのです。

「事前準備と作戦で80％決まる」「明確なる目標設定と達成する強固な意志力」ですべて決まると言っています。

未曾有の不況だからこそ、このような「リニューアル戦略」が大切なのです。

不況は「近くに競合店が出店してきた」と同じこと

既存店の陳腐化した店舗をリニューアルして、前述の三位一体の構築により「集客増」「売上高アップ」を図り、既存店で「もっと収益を上げる」。

「百年に一度」といわれる不況下で必要なこと。

「インフレ」期には一品単価がアップして、買上点数がダウンします。

「デフレ」期には、一品単価がダウンして、買上点数がアップします。

そして、「不況期（不景気）」には、支持率がダウンして、一品単価も買上点数もダウンするという〝トリプルダウン〟が起きます。

ということはどうなるか？「売上高が落ちる？」……。

いや違います。「売上高が〝大幅に〟落ちる！」ということなのです。

支持率5％Down×一品単価5％Down×買上点数5％Down＝85・7％

支持率10％Down×一品単価10％Down×買上点数10％Down＝72・9％

そこで、そうならないための対策こそが、「利益死守」となっていくわけです。

考えてみてください。売上高がもし10%も落ちて、売上高対経費率は20%と仮説したら、約2%も売上高対経費率がアップする。

でも、この状態、実は皆さんは今までに1回や2回は経験したことがあるんです。

それは、近くに「競合店」が出店したときの状況と全く同じなのです。

すなわち、「競合店出店=支持率 Down×一品単価 Down×買上点数 Down」。

ということは、不況や不景気というのは、「全店舗の前に〃見えない〃競合店が出店するということ」なのですよ。

小売業全企業の目の前に平等に競合店が出店してくる。しかも、至近距離に。

だから、どの企業もすべて〃競合店対策〃を打つ。それも、「価格競争」という〃レッドオーシャン(血みどろの闘い)〃の戦法を…。その結果、一品単価がダウンし、もっと売上げを落とすという「最悪のパターン」になりかねないのです。

そうではなく、この不況・不景気という「見えない競合店」と戦うのが「ブルーオーシャン販売戦略」なのです。これを実施し、結果を変えるところまで徹底すると、「圧倒的地域一番店」という、ものすごい勲章を手にすることができるのです。

この「ブルーオーシャン販売戦略」は、第3章でじっくり説明させてもらいます。

第2章

ブルーオーシャンの「基本」

――「マーケットリサーチ」と「ゴールの見える化」

「多くの人がキング牧師やガンジーの復活を望んでいる。
しかし、彼らはもういないのだ。
私たちがその存在になれるのである。
つまり、すべてはあなた次第なのだ」

（ミシシッピ州初の女性弁護士　マリアン・ライト・イーデルマン）

「違いの見える化」に絞ったマーケットリサーチ

ブルーオーシャン戦略の「基本」――。

それは、自分の強みをあぶり出す「マーケットリサーチ」と差益管理表を活用した「ゴールの見える化」の2つです。

「マーケットリサーチ」――いわゆる「競合店調査・分析」のこと。

「競合店対策」の定番にして、自店の「店舗活性化」の定番。

よって、必ず店長向けの本には、この「マーケットリサーチ」の手法が載っています。

しかし、いろんな本でいわれている「マーケットリサーチ」を要約すると、図表⑥のようになります。

そして、このような「マーケットリサーチ」を行い、その分析結果を基に対策を打ったらどうなるか？　「レッドオーシャン」の継続になるのです。

実は、小生も4、5年前まではこのような「マーケットリサーチ」を推奨していた張本人でした。

「とにかく競合店のトップ平台で売っている商品は必ず安く売りなさい」

「競合店がフェース拡大して販売している商品は売れている商品。だから当店もフェースを拡大して売っていかねばならない」

「競合店のサービスなど、当店にないサービスはすべて行うこと。そうすれば競合店の強みを消すことができる」

などと言って、コンサルティングしていました。

結果はどうなったか？

売上げはそこそこ回復、あるいはアップしますが、肝心の荒利益高が激減したのです。

恥ずかしいことですが、こんなマーケッ

図表⑥　今までの「マーケットリサーチ分析」

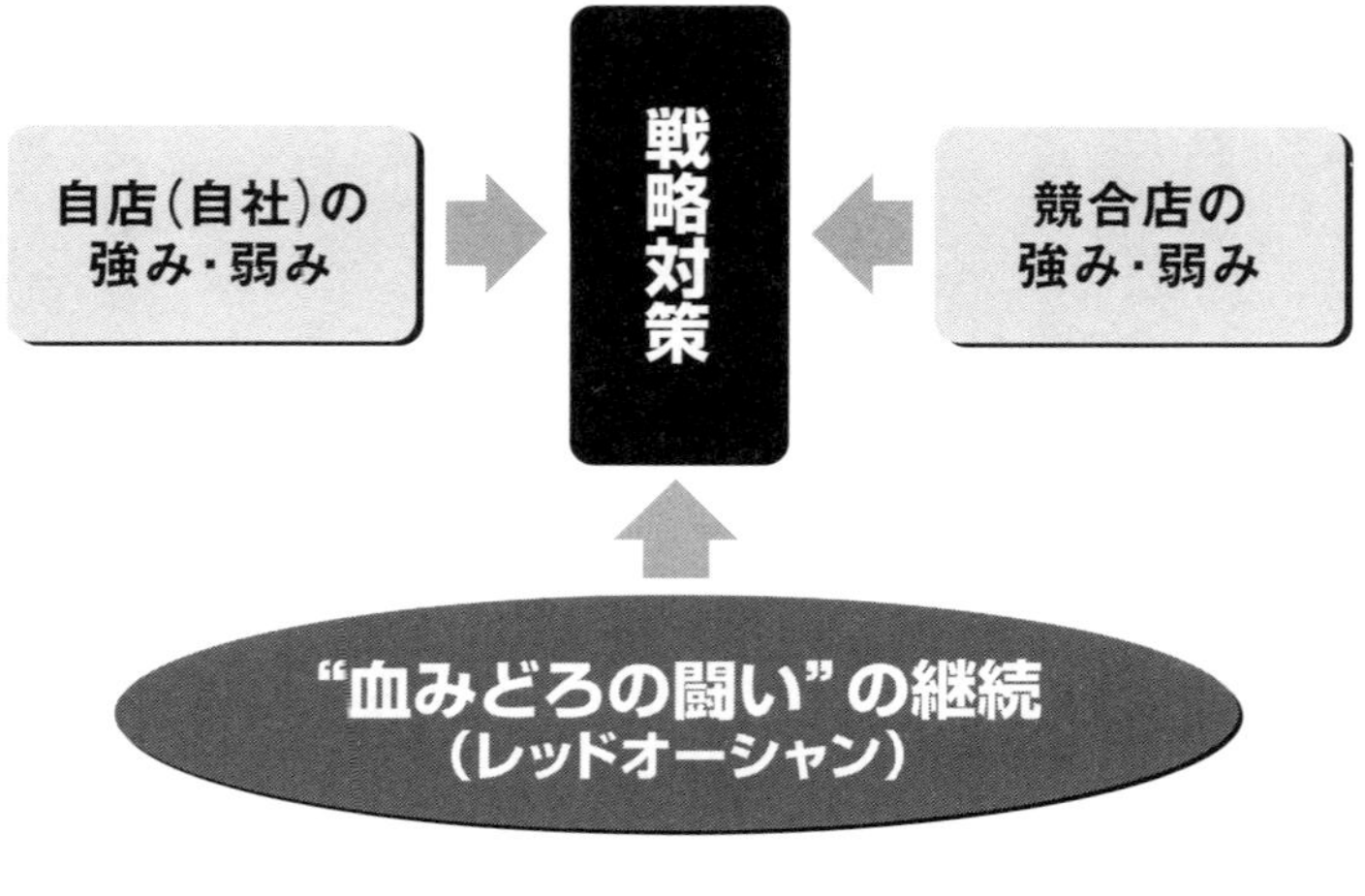

トリサーチの手法をクライアントにさせていました。

しかし、これは全くの間違いだと気づいたのが、あるクライアント企業が社運を懸けて店舗リニューアルすることになって、小生がその戦略立案をしなければならなくなった時でした。

ものすごく繁盛している店が競合店です。同じ戦略をとっては「勝ち目」はない。

そこで、考えました。

いかにその繁盛店との「違い」を見える化することができるか、その一点に絞って「マーケットリサーチ」しようと。

そして、その「マーケットリサーチ」を基に、「店舗戦略」を立案しました。

そうしたらどうでしょう。全く歯が立たなかった競合店と対等、いや対等どころか今では明らかに優位に立った店舗に「生まれ変わりました」。

ここからです。小生の「マーケットリサーチ」の手法の指示・指導が変わったのは…。

名づけて、「ブルーオーシャン的マーケットリサーチ法」（図表⑦）です。

「それはできないよ！」とまず否定しないでください。

ポイントは4点あります。

①自店（自社）の「強み」をより強くする

従来型のマーケットリサーチ分析だと、「基準」が〝競合店〟のため、この分析を行い、対策をすればするほど、「同質競争」になっていきます（図表⑥）。

そこで、小生はマーケットリサーチの「基準」を変えたのです。

まずは、従来型のマーケットリサーチ分析を行い、徹底的に「自店の強み」をあぶり出す。

そして次のポイント。今までの〝競合店〟基準を〝お客さま〟にもっていくのです。

「お客さまに喜んでもらえることは何か？」をあぶり出すのです。

お客さまにもっと喜んでもらえるような自店の強みを見つけて、それを「戦略・対策」項目として、落とし込んでいく。

そして、その「戦略・対策」項目を徹底的に強化するのです。

そうすると競合店との「違い」が明らかになり、「個性のある」「お客さまの口コミが広がる」〝アウトスタンディング〟な店舗レベルになるのです。

②基準はあくまで〝理想〟

図表⑧は、先ほどの図表⑦をより具体化したものです。

図表⑦　ブルーオーシャンの「マーケットリサーチ分析」

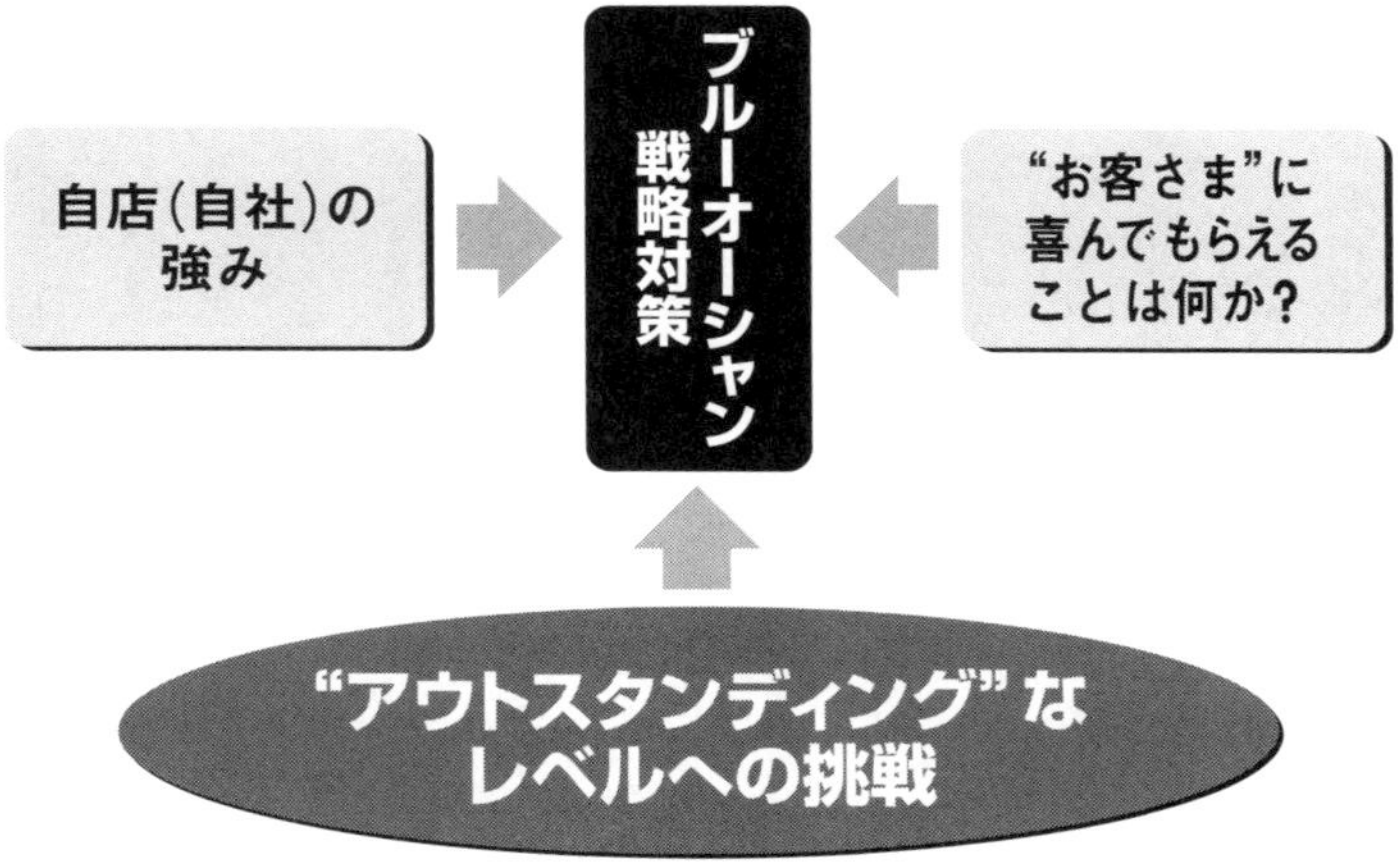

図表⑧　戦略のビジュアル化

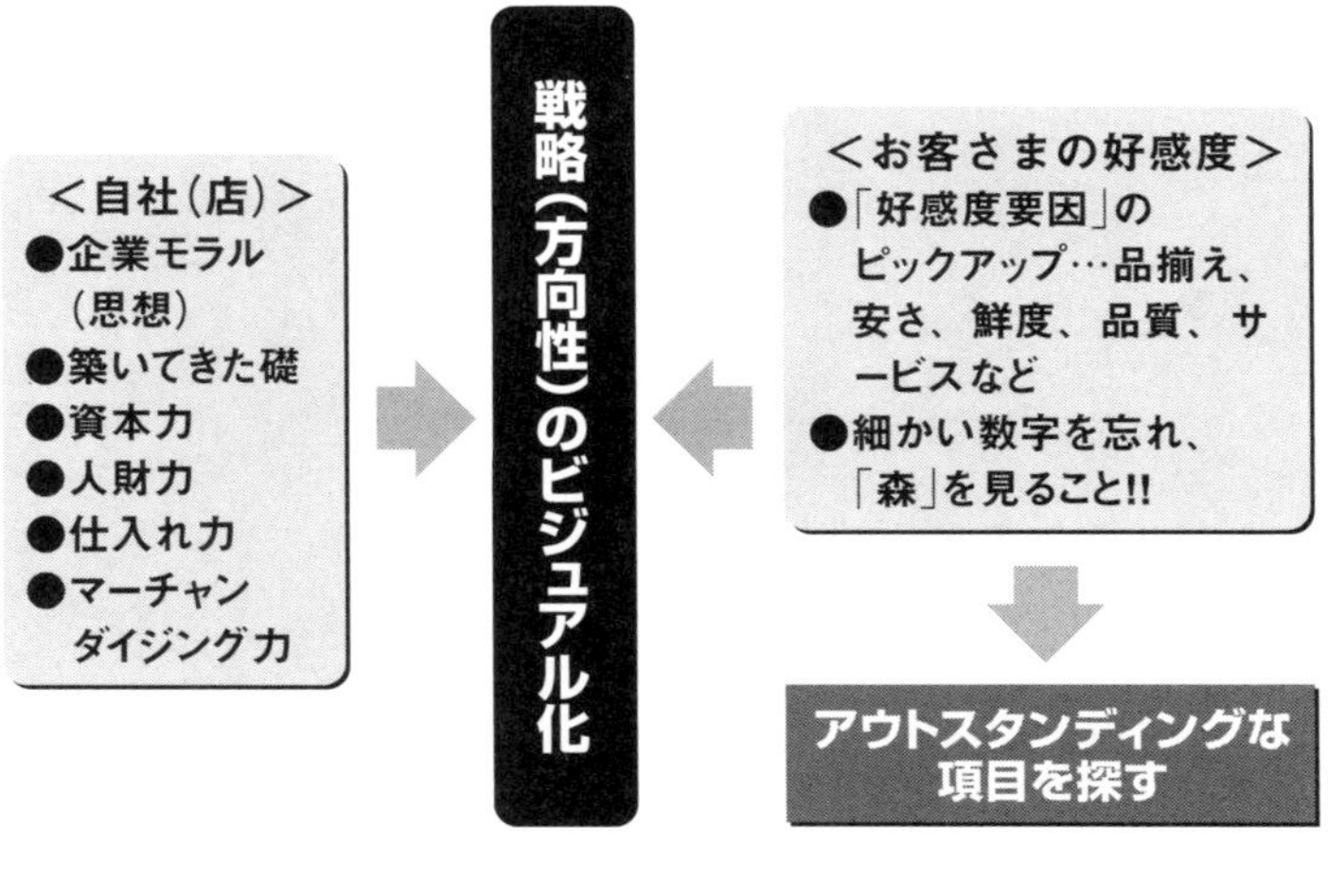

なぜ「自社の強み」だけのあぶり出ししかしないのか？と思っておられませんか…。

それは、「企業にはその企業の思想・文化がある」という考え方からです。

人間にも性格があるように、企業にも長年築いてきた「理念」「思想」「文化」がある。

それと違ったことが「弱み」になるわけですが、しかしそれは、DNAのように会社（身体）に染み付いているわけですから強化することはかなり難しい。

だから、徹底的に「強みのみ」をあぶり出しするのです。

「理念」――再度、自社はどんな理念かを考える。

「礎」――この店はどんな評価を得ているのか。

「資本力」――リニューアルなどができる資本はあるのか？

「人財力」――〝人財〟としての強みは何か？

「仕入力」――〝仕入れ〟としての強みは何か？

「マーチャンダイジング力」――そのほか、自社の〝特徴〟は何か？

いろいろあぶり出すと、どんどん自店（自社）の〝ダイヤモンド〟が見えてきます。

そして、次に「お客さまの好感度要因」をあぶり出していきます。

基準はあくまで〝理想〟です。

「品揃え」「鮮度」「品質・おいしさ」「安さ」「サービス」「売場アクセス」「雰囲気」などにおいて、「こんな状況・状態なら、お客さまの好感度はものすごく上がるだろうな～」という基準であぶり出してください。

ポイントは、「それはできないよ！」と絶対に否定しないことです。

あくまでもお客さまの「好感度」が上がるのはどんな〝理想〟かをあぶり出すのです。

そうすると、不思議です。どんどん「自店（社）の戦略」がビジュアル化されてきます。頭の中に「こんな店」という〝理想の店〟が浮かび出てくるんです。

これを「ビジュアライズ」と言い、これが鮮明であればあるほど実現に近づくのです。

なぜなら、「ビジュアライズ」することは、今の自分自身が実現できるレベル以上のことは思い浮かばないからです。

だから「実現可能」なのです。

「一枚の紙」で店の戦略を全員把握できるように

③「オンリーワン・バリュー」を創造せよ

人間は欲張りですから、どうしても「弱み」も強くしようとします。

しかし、これでは、お客さまの立場からすると、「違い」が見えません。

典型例が総合スーパーです。何もかもが「平均点」以上。

だから、独自性が消えている。

だから、「ナンバーワン」店舗なんだけれども、全然お客さまに支持されなくなっている。

それに比べて、近くの「繁盛店」スーパーマーケットは、「鮮度」と「安さ」と「雰囲気」だけは断トツに強い。その他は「平均点」以下。

でも、お客さまは総合スーパーより「何もかも良い」と言われる。

おわかりですか?

とにかく競合店が太刀打ちできないレベル(アウトスタンディングなレベル)まで、「強み」の基準を徹底的に上げていくんです。

いわゆる「オンリーワン・バリュー」化です。

そうすれば、お客さまの立場からすると、「何もかも良い」となるのです。

④「戦略(価値)キャンバス」のフレームワーク

次に、マーケットリサーチの分析結果を「形」にする作業をしなければなりません。

図表⑨は、小生が考案した「戦略（価値）キャンバス」です。

目的は、「社員の意識の共有化と統一」です。

これはとても大切なことです。

社員全員が「戦略」がビジュアルで理解でき、〝言葉〟で共有化できると、みんなの意識が共有化でき、統一できるのです。

これは「脳科学」分野の「フレームワーク」という技法を応用しています。

とにかく「難しい」と思われる〝戦略〟を「簡単」にわかるように〝ビジュアル化〟するんです。

いわゆる、キャンバスに絵を描くように、「一枚の紙」で戦略が全員に把握できるようにします。

そして、社員全員が情報を共有化するには、「言語の統一」が大切です。

そこで、「コンセプト」や「戦略」を〝言語化〟する。簡単に言うと、「キャッチフレーズ化」するんです。みんなの「合い言葉」になるように。

すると、社員全員の「潜在意識」に入り、社員全員が同じ方向に向かって努力するよ

図表⑨　「戦略キャンバス」のフレームワーク

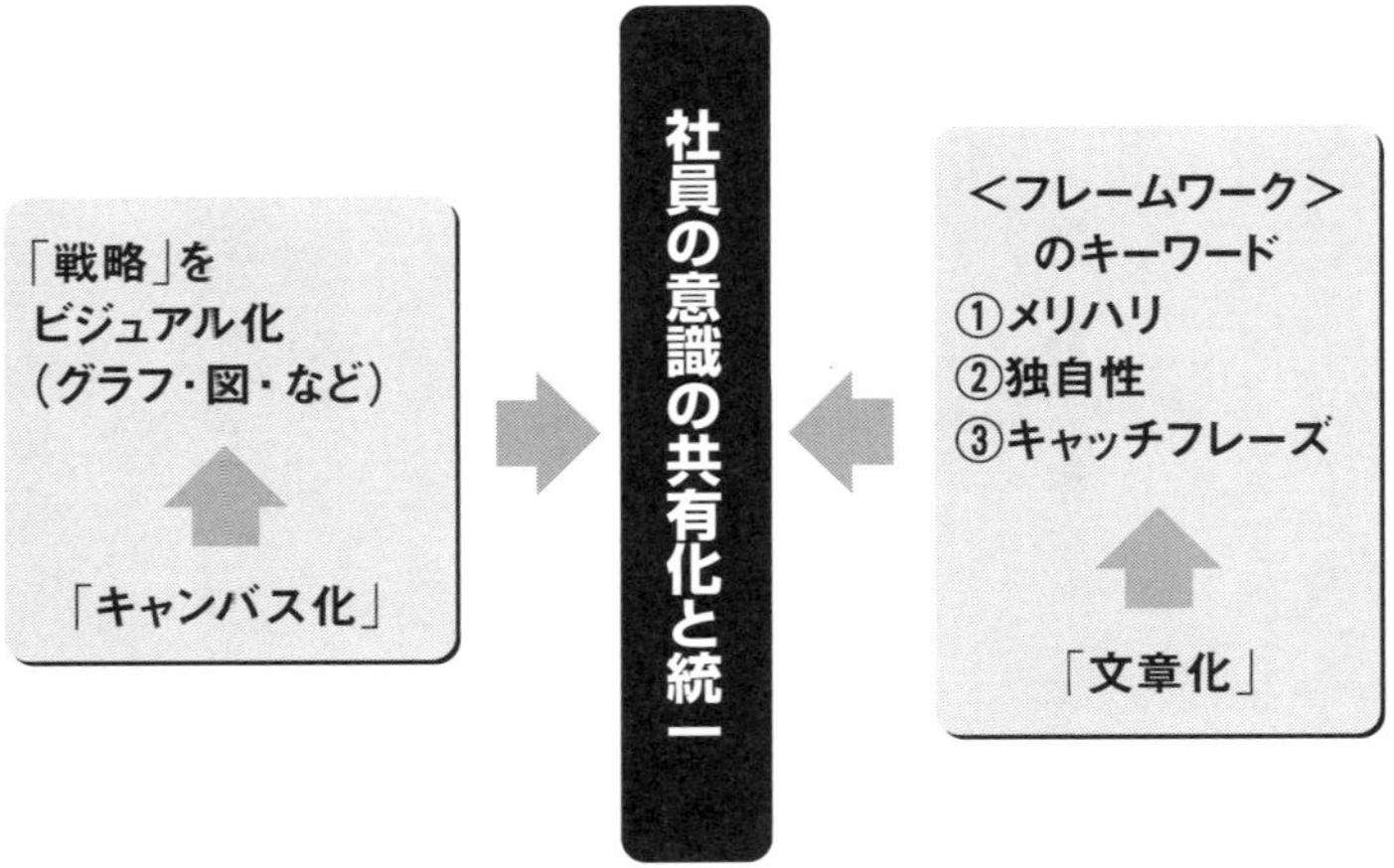

戦略キャンバスとは・・

競合店並びに自店の戦略の特徴を曲線によりビジュアル化（戦略曲線）し、競争要因に「メリハリ」をつけ、「独自」な戦略を取り入れ、明確な戦略を描くことである。

＜メリットは・・＞　1）一目見てわかりやすい（強み・弱み）
2）競合店の戦略がわかりやすい
3）戦略の共有化ができる

＜競争要因とは・・＞
●価格（安さ）●おいしさ（品質）●販売提供方法●品揃え
●売場面積●雰囲気●鮮度●アクセス●接客　など
「お客さまの好感度要因でもある」

うになる。

しかし、多くの企業が、この「戦略（価値）キャンバス」をフレームワーク化できていません。

だから、戦略が「絵に描いたもち」（？）になるんです。

「目をつむる」ことにより「強み」がより際立つ

「戦略キャンバスのフレームワーク」とは、要するに「競合店と自店の特徴を〝曲線図表〟で描いてください」ということです。

そうすると、自店の強みも弱みもわかります。

それを基に、「戦略（価値）」を考えなさい、ということなんです。

すなわち、競合店より上回っている要因を付け加えるのです。

そうすれば、「競合店の戦略（価値）」が一目でわかるし、そして全社員が戦略（価値）の共有化ができるのです。

図表⑩は、Sチェーンという企業で実際に行った「戦略（価値）曲線」で、マーケッ

図表⑩　戦略曲線分析の方法　例

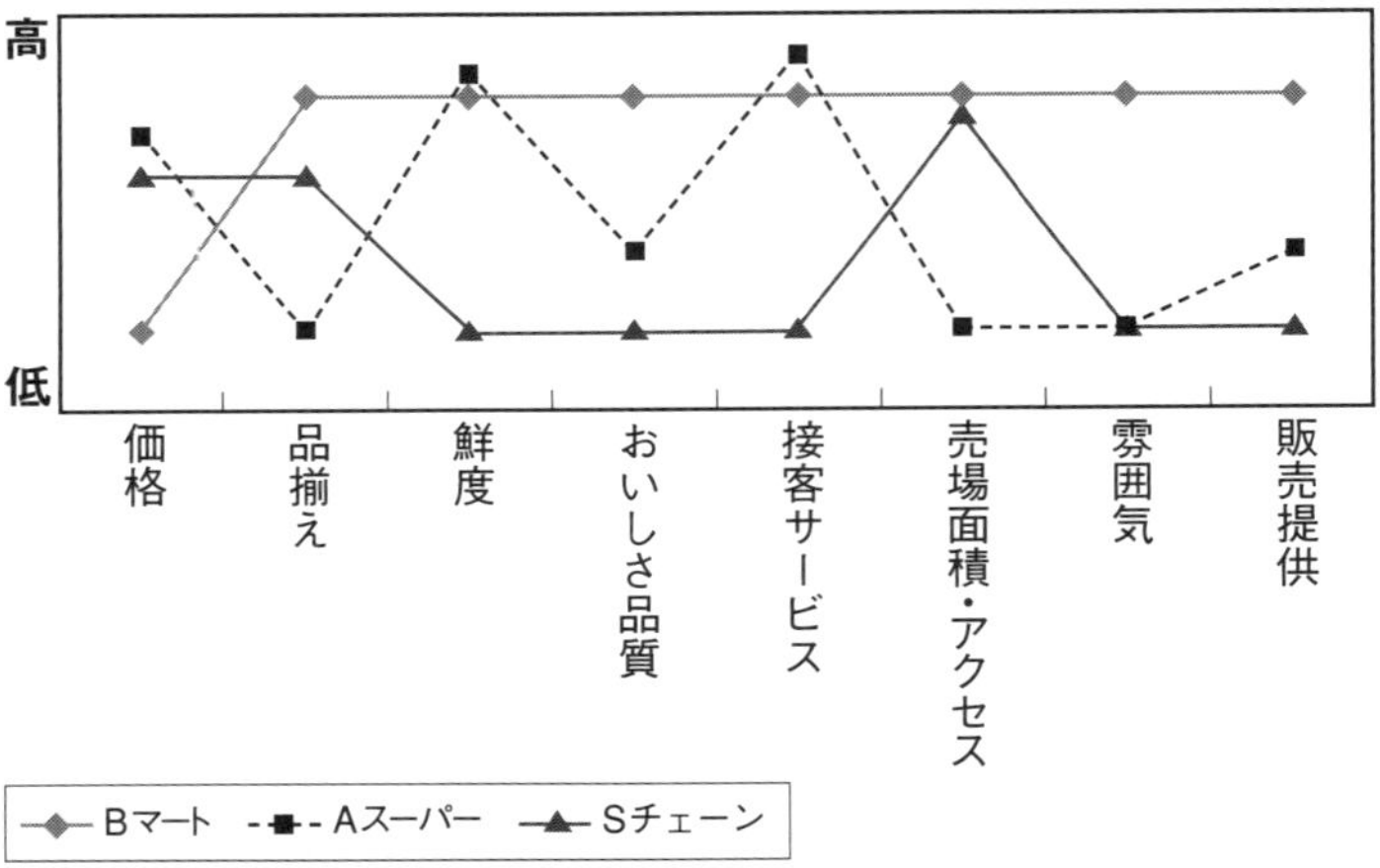

高
低
価格
品揃え
鮮度
おいしさ品質
接客サービス
売場面積・アクセス
雰囲気
販売提供
Bマート
Aスーパー
Sチェーン

図表⑪　「4つのアクション」

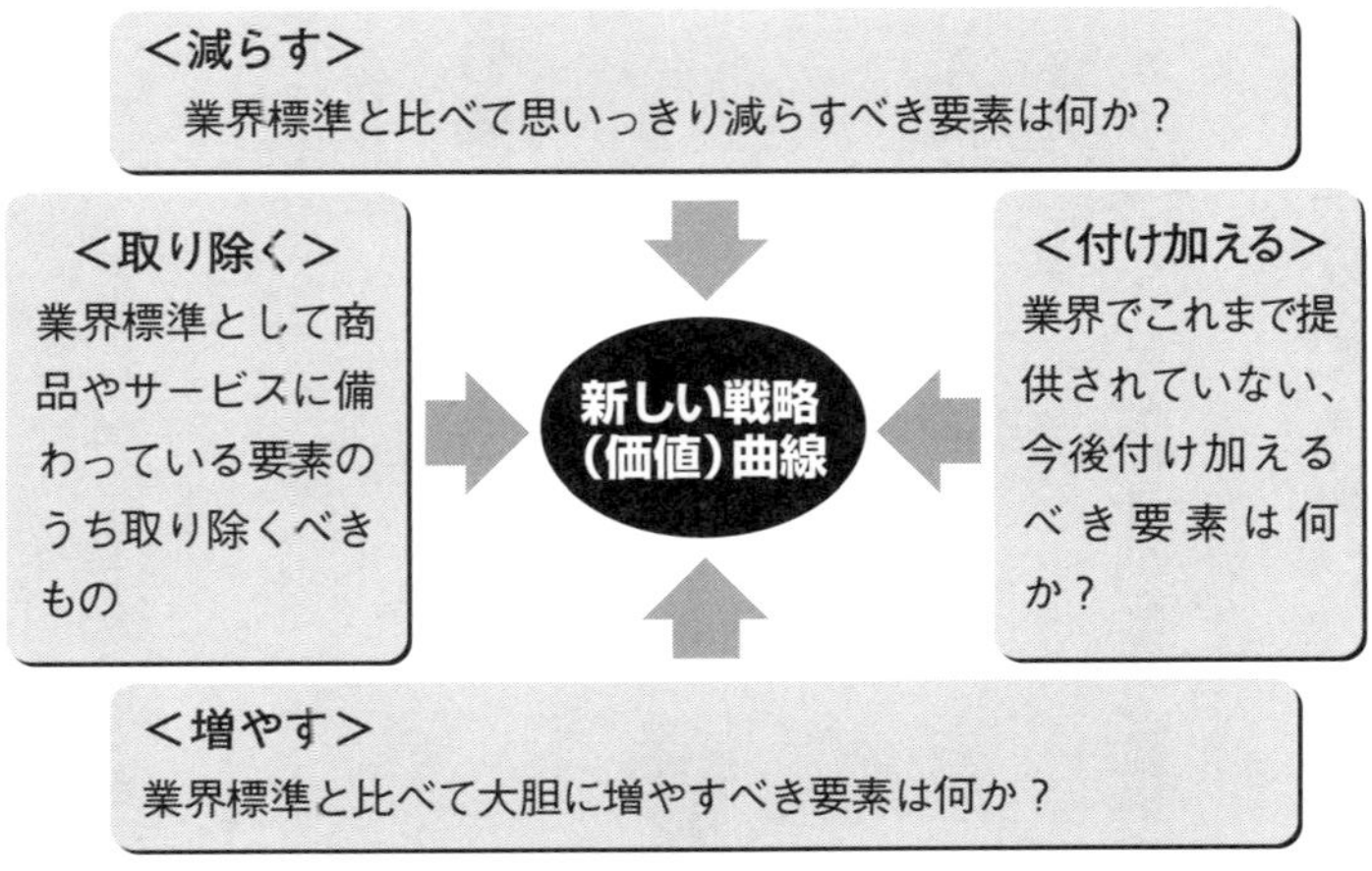

＜減らす＞
業界標準と比べて思いっきり減らすべき要素は何か？
＜取り除く＞
業界標準として商品やサービスに備わっている要素のうち取り除くべきもの
新しい戦略（価値）曲線
＜付け加える＞
業界でこれまで提供されていない、今後付け加えるべき要素は何か？
＜増やす＞
業界標準と比べて大胆に増やすべき要素は何か？

トリサーチ&改善前のものです。

競合店の「Aスーパー」「Bマート」と比べて、競争要因（お客の好感度要因ともいう）のほとんどで劣っている、いわゆる「負け組」店舗の典型です。

この〝現実〟をしっかりと経営トップを含め、全員に認識してもらう。

そして、「業界常識」を基準に、「付け加える」「増やす」「減らす」「取り除く」という〝4つのアクション〟（図表⑪）を考えてもらったのです。

先ほどの「負け組」Sチェーンが、「4つのアクション」を行った結果が図表⑫です。

「付け加える」――専門のシェフを入れて「デリカテッセン」に挑戦、全部門で「地産地消」を徹底する、全国のこだわり商品を集める、開発商品のネーミング変更によるブランディング戦略の徹底など。

「増やす」――今までのスーパーマーケットではあり得ないレベルまで基準を上げたデリカ売場・地産地消青果売場・ライブ販売・おしゃれ感など。

「減らす」――「生鮮4部門」に特化した尺数構成に。

「取り除く」――荒利益率の考え方、ローコストオペレーションの考え方を取り除いた。

図表⑫　「4つのアクション」実施結果

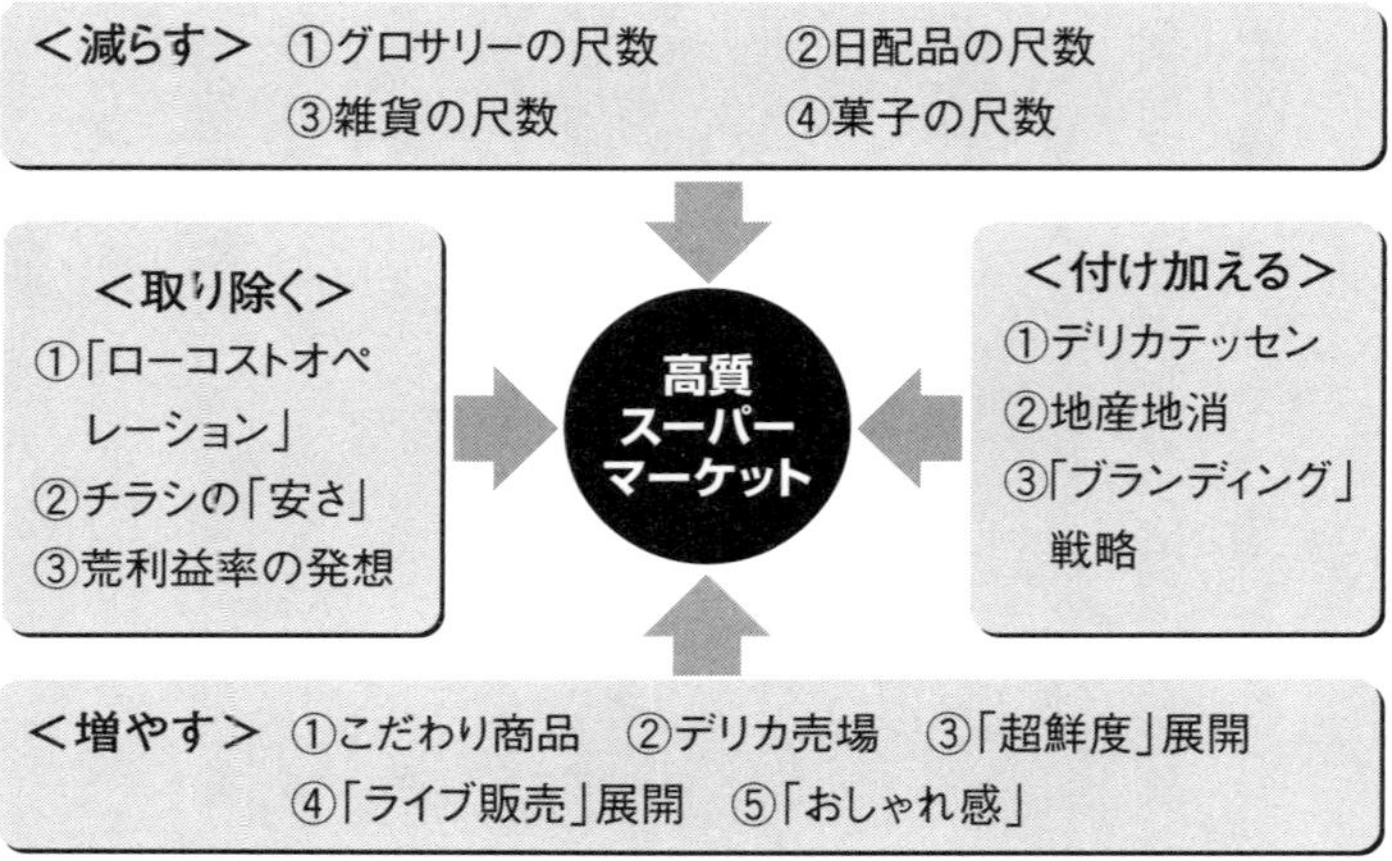

図表⑬　「戦略（価値）曲線」4つのアクション実施後

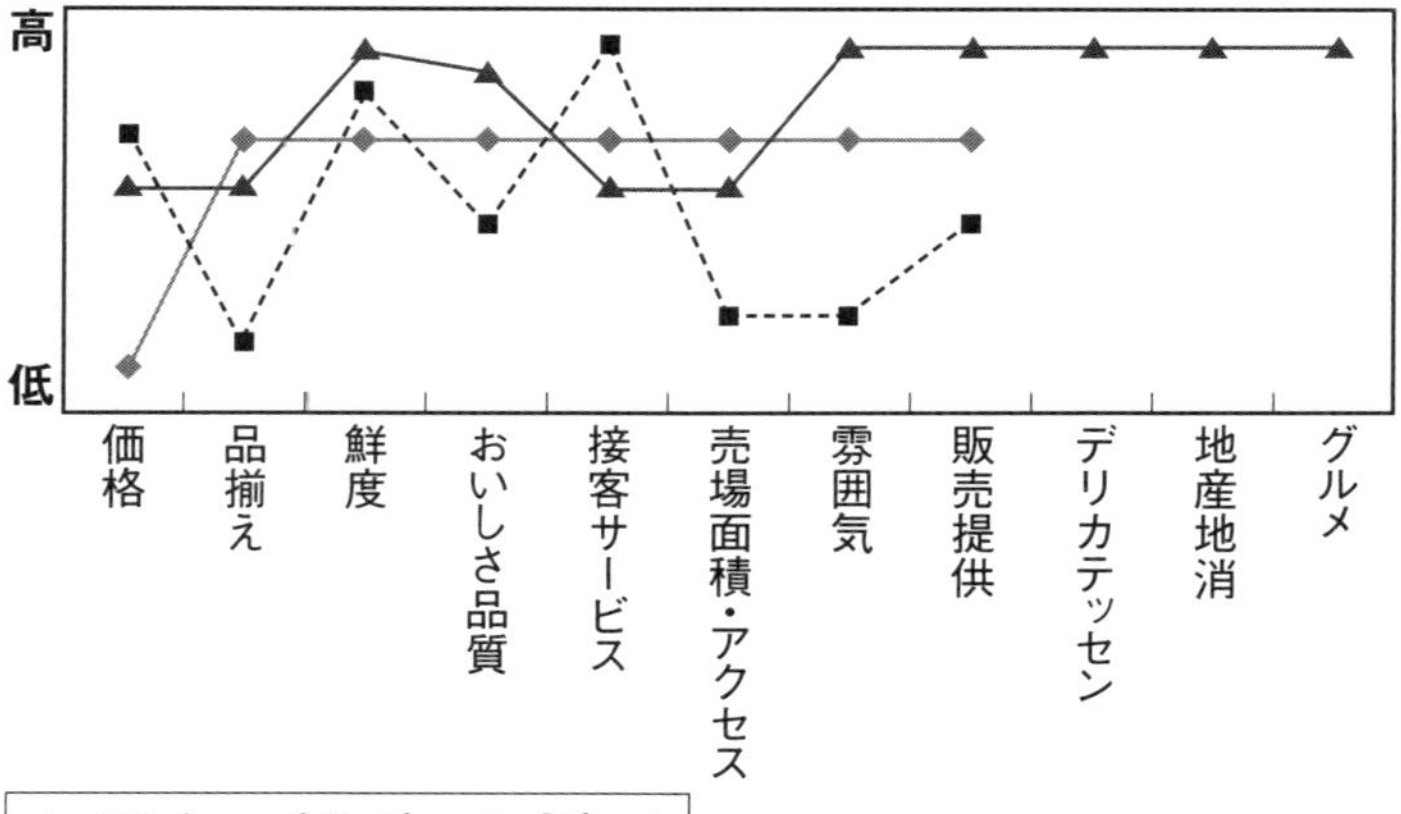

以上を「戦略（価値）曲線」化したのが図表⑬です。

図表⑩と比べて全く違う曲線になりました。

あとはこの「戦略（価値）曲線」を具現化すればよいだけです。

弱みの「価格」や「トータル品揃え（ラインロビング）」「接客サービス」「売場面積・アクセス」は強化しませんでした。

「目をつむった」のです。そうすることにより、「強み」がより際立つと判断したからです。

これを、「戦略（価値）キャンバス」と言います。

ここまでくると、おわかりになられた方もいると思います。そうです。

実は、小生。W・チャン・キム氏とレネ・モボルニュ氏が提唱した「ブルーオーシャン戦略」をスーパーマーケット版にアレンジしただけなんです。

しかし、この「戦略（価値）キャンバス」はものすごく効果がありました。

この「戦略（価値）曲線」をキャンバス化できるようになってから、競合店対策や店舗リニューアルが１００％近い確率で成功するようになったのです。

「キャッチフレーズ」を共有すれば必ず店が変わる

優れた戦略には、3つの共通項があります。

リニューアル時に「総花的」な戦略を立てられる方がいますが、それでは「高コスト」なビジネスモデルになる。

1. 「メリハリ」がある

ポイントは、「捨て去る」競争要因をもつこと。

そして、「付け加える」「増やす」要因は圧倒的に違うレベルまで引き上げることが大切なのです。こうすると、「メリハリ」ある戦略となっていくのです。

2. 「高い独自性」がある

よく「差別化」という言葉が使われますが、「差別化」レベルでは競合店との違いは出ません。

圧倒的に違いを出して、やっとお客さまに対して〝違いの見える化〟ができる。

だから、「4つのアクション」を描いて、「付け加える」「増やす」要因は、業界標準をはるかに超えるチャレンジを敢行したり、〝ニューへの挑戦〟をしていくことが大事なのです。

少々の強化では〝違い〟が見えないことは肝に銘じておいてください。

3.「訴求力のあるキャッチフレーズ」

戦略を〝言語化〟することは、とても大切です。

キャッチフレーズにすることにより、全員の「意識化」レベルが高まる。

「意識化」レベルが高まると、行動基準が高まる。

行動基準が高まると、店の基準が高まります。

だから、「戦略の言語化」、いわゆる「キャッチフレーズ化」がとても大切なのです。

「戦略」が描けたら、必ず行わなければいけないことです。

小生も「言語化」というのを大切にしていて、だから造語が多い。

「超鮮度」「ライブ販売」「3―3―3の陳列原則」「夕方4時からの再開店」などなど…。

言葉を統一することにより、意識化することができるからなのです。

かっこいい「キャッチフレーズ」を作り、みんなで共有化すると必ず行動の方向が変わり、ひいては店が変わってくるのです。

以上が、ブルーオーシャン的マーケットリサーチの全容です。

今まで皆さんが考えておられたマーケットリサーチとは、これは180度違うものだと思います。

今までのマーケットリサーチの考え方は、「大が小をつぶす」手法であって、「小が大に勝つ」手法ではないのです。

〝大〟の出身者の方々が、その成功手法を〝小〟に導入するから「レッドオーシャン」になってしまう。

当然、「レッドオーシャン」的手法だと、「儲かりません」。

「ゴールの見える化」のための差益管理表

次に、ブルーオーシャン戦略2つ目の「基本」、それは「利益管理」です。

そこで、明日からでもできる差益管理表を活用した「ゴールの見える化」についてお話しましょう。

近年、生鮮部門の荒利益高が安定して確保できない企業が多くなりました。

そのために、「生鮮管理システム」などのシステム投資や「値入れミックス」の計算の勉強会など、あの手この手を使って日夜、荒利益高安定確保の努力をしているに違いありません。

しかし、荒利益高が安定しない。なぜか？

「相場物だから…」「加工度が高いから…」など、思っていらっしゃると思います。

そこで、ここでは、〝簡単〟で〝劇的〟にできる「荒利益高安定秘策」を皆さんに提案します。

「投資ゼロ」。たった1枚のＢ４用紙とボールペンさえあればできる方法です。

それが「ゴール方式」という〝差益管理表〟の記入です。

図表⑭のような表です。日常使用されている企業が多いと思うので、「な～んだ」と思われることでしょう。

しかし、この「差益管理表」をしっかりと記入することが実は利益につながってくるのです。でも、思っておられますよね…。

「いつも記入させているけど、利益なんて安定しないよ！」と…。

それは、記入する順序が間違っているんです。そこで質問です。

皆さんは、まずどこから「差益管理表」の数字を記入しますか？

図表⑭　「商人伝道師」流ゴール方式儲け法

日付＼項目	売上高	仕入高	差益高
1	③	③	③
2			
3			
4			
5			
6			②
⋮	⋮	⋮	⋮
31			①

①　ゴール（目標荒利益高）をまず記入する。
②「仕入れのない日」に「途中計測」の数値を記入する。
③　①②を記入した後、毎日数値を記入する。

・毎月1日の「仕入れ高」から記入する。
・毎月1日の「売上高」から記入する。
たぶん、この2つのどちらかから記入されると答えられたのではないでしょうか。
正解は、どちらも「×」です。

答えは、「毎月の最終末日（30日、31日、28日）の目標荒利益高」から記入するのです。

要するに、前月の末日までに、翌月の目標荒利益高もしくは会社から与えられた荒利益高を記入するんです。

これを、小生は「ゴールの見える化」と言っています。

「来月は、どれくらいの荒利益高を確保しなければいけないのか？」をまず意識化することから始めるんです。

そのためには、「赤ペン」でまず月末の「差益高」のところに「目標荒利益高」を記入することが大切なのです。これって、すごい肝なのですよ。

ところが、ほとんどの担当者は、いきなり「1日目の仕入れ高」から記入する。

だから、「ゴール」の見えない状態で記入し続けてしまい、「出たとこ勝負！の荒利益高管理（?）」になってしまうのです。

「ゴールの見える化」（目標荒利益高）を記入したら、今度は「途中計測日」を決めます。

例えば、仕入れのない日曜日とかを「途中計測日」にする。

そして、その月の目標荒利益高を獲得するためには、その途中計測日にどれくらいの荒利益高（差益高）を確保していないと達成できないか？　という数字を赤ペンなどで目立つように記入するのです。

これを「目標推移の見える化」と言っています。

「このままの状態でいけば、目標荒利益高を確保できるよなー」とか、「やばい、この状態だと厳しい。仕入れやロスに気をつけようー」といったことがわかる〝目安〟を付けるのです。

その「ゴール（目標荒利益高）」と「途中計測日」の数値をしっかりと記入し、〝意識化〟してから、１日目の仕入高から記入していくのです。

これが、売買差益表を活用した、「ゴール方式儲け法」というものです。

在庫を加味せず「差益高」を荒利益高と位置づける

「なぜ、記入の方法を変えるだけで荒利益高が安定するの？」と思われる方も多いと思いますが、小生は、「利益管理」って「マラソン競技」と同じだと思っています。

マラソンは、４２・１９５㎞走らなければいけません。もしも「やめろと言うまで走り続けろ！」というゴールが見えない競技だったらどうなると思いますか？　たぶん誰も走りません。または、不安で力を100％発揮できません。

42・195km先に「ゴール」があるから走れるんです。

そして、「ゴールタイム」目標があるから、10km、20km、30kmをどれくらいで走らなければならないという〝目安〟を持つことができるんです。

「よし、このままなら設定タイム通りでいくぞ」とか、「ちょっとピッチを上げないと設定タイムでゴールできないな」とかわかるわけでしょ。

これと「荒利益高管理」は同じなのです。売上高は、こうはいきません。

売上高は残念ながら〝コントロール〟できないのです。しかし、荒利益高は〝コントロール〟できます。これを理解していない担当者が多い。

コントロールとは、目標を徹底的に意識しないとできないのです。

一番良い例は、「ウエートコントロール」です。体重は徹底的に意識しないとすぐに太るでしょ。コントロールには、「意識化」が大切なのです。

だから「意識化」した差益管理表記入を行う。3カ月もすると〝劇的〟に荒利益高が安定します。

「信じて、やり続けること」です。

しかし、自己管理または自己責任だけでは〝意識化〟がどうしても弱くなります。

みんな、「自分には甘い」ですから(笑)。

そこで、「チェック機能」を強化するんです。

それは、簡単なことで「途中計測日」に、店長もしくはバイヤーが「目標通りにいっているかどうか?」を「チェック」するのです。

しかし、ここでポイントがあります。

「なぜ、荒利益高(差益高)が計画通りにいっていないのか?」「なぜ、荒利益高(差益高)が計画通りにいっているのか?」を質問し、明確な回答を引き出してください。

万が一、荒利益高が計画通りにいっていないときというのは、いっぱい原因があるんです。

「過剰在庫」「廃棄ロス」「初期値入れの低さ」「仕入れ過剰」「特売比率の高さ」「売上げ不足」などなど…。

その原因を引き出してあげてください。そして、その原因を引き出すことができたら、「来週、その原因をどう解決するか」を考えさせてください。

さらに、改善策が出たら、その改善策をコミットメント（約束）させてください。
それを毎週続けるのです。そうすると、必ず荒利益高が安定してきます。
というより、荒利益高が大幅に改善されます。
いわゆる「儲け」のスパイラル（渦巻き）状態になっていくのです。
不思議なもので、近ごろ、「在庫は存在して当然」という文化があります。
「在庫があるので差益高が低いんです」と平気で言う担当者がいる。
そして、そういう担当者ほど、最終荒利益高もとれない。
だから、在庫を加味せずに、「売買差益」を荒利益高と位置づける。
そうすることにより、必然と在庫を削減する方向へ向けることができるからです。
これはものすごく効果があります。
ぜひ、この「ゴール方式儲け法」を実践してみてください。すごい効果が現れます。

「低荒利益率商品は売り込まない」という妙な風潮

よく、こんな言葉を聞くことがあります。

「チラシ商品は儲からないのであまり売り込みません」

「この商品は荒利益がないのであまり仕掛けません」

皆さん、この「考え方」は間違っています。

その「チラシ商品」は損（原価よりも安く販売している）なのか？　それとも少しだけだが、利益があるのか？

もしも、少しでも利益があるのであれば〝徹底的に売り込んで〟売上げを取りにいかなければなりません。

とにかく〝数（かず）〟を追求していくのです。

また、「荒利益がないのであまり仕掛けません」という商品は、ひょっとして荒利益「率」のことではないでしょうか。

荒利益率（値入れ率）が低いので仕掛けないという発言ですよね。

これも大きな間違い。〝徹底的〟に売り込んで売上げを取りにいかねばならないのです。

このあたりを近ごろ、どの担当者やバイヤーも勘違いしているのではないか、と小生は思います。

チラシに掲載するということは、「お客さまのニーズやウオンツ」に合っている商品ということで、チラシという「多額の経費（コスト）」をかけてお客さまに紹介しているわけでしょ。

だったら、その商品は目標を決めて徹底的に売り込んでいかなければいけません。

チラシ商品を発注するときにどんな〝考え方〟で発注しますか？

「売り切れる商品は何ケースぐらいかな？」という考え方ではないでしょうか。これが「特売発注の常識」でしょう。

しかし、ものすごく「儲けて」いる企業や担当者の発注の考え方は違うのです。

それは、「この商品は、チラシ商品で値入れが低いのだから、何ケース以上売らないと荒利益高を獲得できない」という考え方で発注し、その商品の「販売方法」や「見える化」、そして「コト販売」を考えます。

「売り切れる量」だけ売っていたら、荒利益高が確保できないんです。

チラシ商品などの販促商品は、「売上げをつくって荒利益を稼ぐ」商品なわけでしょ。

だったら、「荒利益高」基準で発注しなければならない。

このちょっとした「考え方」の違いが、〝荒利益高〟の違いになってくるのです。

どうしても、「荒利益率」偏重時代が長く続いたために、「荒利益率（値入れ率）の低い商品は売り込まない。売り込んではいけない」という風潮がまん延しています。

売り込まないのであれば、高いコストをかけてチラシに掲載した意味がない。むしろ掲載しない方がよい。

掲載したからには、「売上げを最大化」し、「荒利益高を最高化」する努力をしていかねばならないのです。

ひいては、それが売上高アップや集客アップにつながるのですから。

荒利益率、ロス率、不良率…「率は落とし穴になる」

チラシ商品だけでなく、インストアプロモーション商品など販促商品・量販商品はすべて「荒利益高」を基準に考えなければなりません。

よって、以下の5つのことが皆さんの企業（店）で見える化、意識化されていなければいけないのです。
① 経営トップから発注・品出し担当者まで、〝3秒〟で荒利益高商品の上位リスト

商品が〝見える化〟されていなければならない。

②　発注・陳列時に、常に「荒利益高」商品を〝意識化〟していなければならない。

③　販促・量販商品は、「荒利益高」を確保するには、どれだけの数量を売らなければいけないのかを〝意識化〟して計画していかなければならない。

④　エンドづくり・平台展開など、常に「荒利益高商品」を売り込むためにはどのような販売方法をしなければいけないのか、〝意識化〟していなければならない。

⑤　「荒利益率」はあくまでも指標。最終的には「荒利益高」向上が経営的にも収益的にも、最も大事な数値であることを従業員全員が〝意識化〟していなければならない。

「率」志向はとんでもない〝落とし穴〟に入ってしまいかねないのです。

「率」の落とし穴については、軽自動車販売で快進撃を続けるスズキの鈴木修会長がこんなことを言っておられます。

「工場の監査の時、社員が「不良率0・01％に下がりました」と報告するのを耳にしてふと「待てよ」と思った。

0・01％とは1万個に1個の不良があるということだ。

自動車は約2万点の部品がある。自動車1台で2つも不良がある計算になる。

あるいは、スズキの四輪車の国内生産台数は２００１年度で87万台だった。１台の部品が２万点で不良率が０・０１％だとすると、１７４万個の不良があることになる。

不良が均等にばらまかれたとすると、すべての車が不良になってしまう。とんでもないことだ。「率」だと、こうした実感がわかない――。

何気なく「不良率が低下したから良し」としていたそうですが、以来、鈴木会長は、「率ではなく実数、つまり個数や金額で判断するようになった」と言います。

物事の実態をつかむには、率はあくまでも参考というのが鈴木会長の考えだそうです。

なんか「ズキッ」ときませんか？

「荒利益率」「ロス率」など、率が基準になってしまい、個数や金額が基準でないということに。

「この商品は荒利益（率）がとれないから、チラシ商品でも売り込みません」――。スーパーマーケット業界はこの落とし穴にはまっているのです。

この「率」の考え方を変えるだけで、スーパーマーケットは「儲かる」ようになってくるのです。

第3章

ブルーオーシャンの「販売戦略」

――「加工日基準の鮮度管理」と「在庫ゼロ」、そして「単品量販力」

「心を込めて仕事をしなさい。そうすればあなたは必ず成功する。なぜなら、そういう人はほとんどいないからである」

（アメリカの教育家　エルバード・ハバード）

お客さまから「鮮度が違うよね」と言われるために

「ブルーオーシャンの販売戦略（図表⑮）」―。

それはこの5つの〝基準〟を圧倒的にアップさせることなのです。

ここでの〝肝〟は「圧倒的」ということ。「競合店（他企業）がまねするのが難しいレベル」まで到達してはじめて成り立つ戦略なのです。

いわゆる、小生流で言う〝アウトスタンディング（卓越した）〟レベルまでの基準にもっていくということです。

はっきり申し上げます。たぶん大手チェ

図表⑮　ブルーオーシャン販売戦略

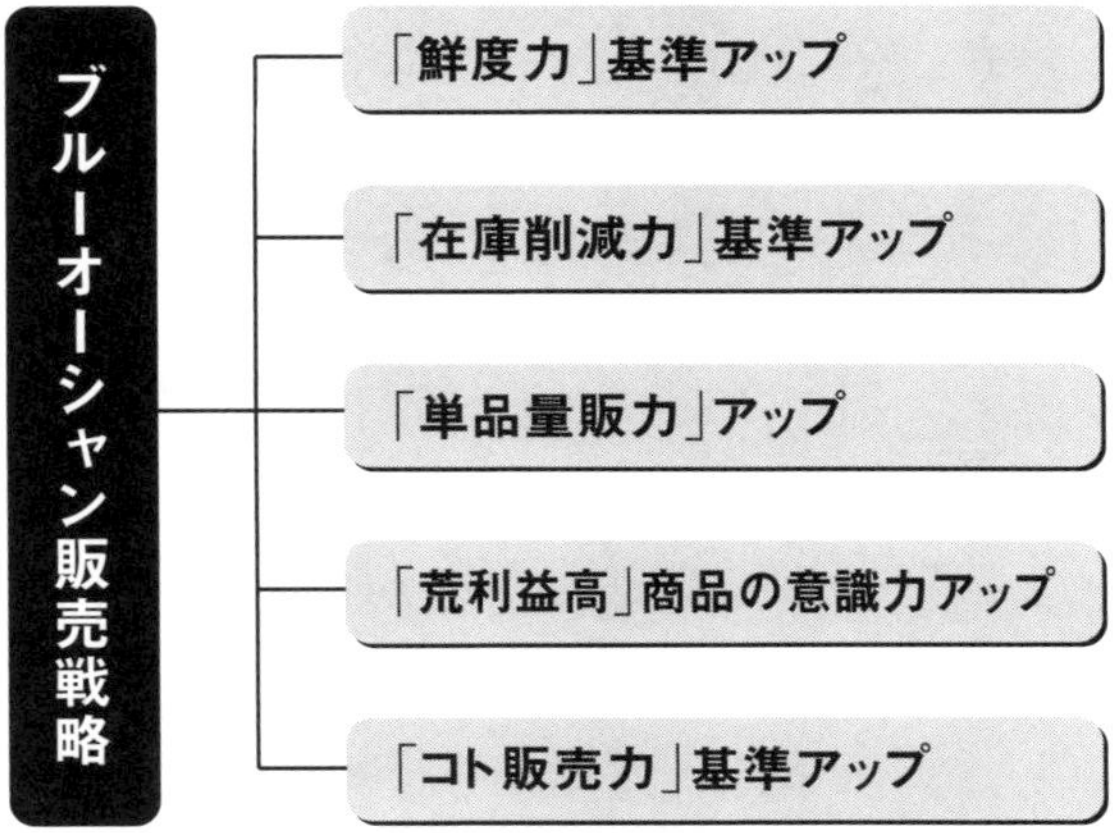

ーンほどブルーオーシャン戦略を実施することは難しいと思います。

なぜか?

それはこの「アウトスタンディングな基準」までもっていくということは、「人間力」「現場力」というのがものすごく大きなキーポイトになるからです。

システムやマニュアルだけではなかなかこの圧倒的な違いのわかるレベルまでもっていけません。

やはり、一人一人の担当者が「実施目的や意義」そして「その効果」、並びにそれを行うことにより「自分たちがどのように幸せになれるか」ということをしっかりと理解しないと〝アウトスタンディング〟なレベルにいかないということなのです。

しかし、今は「基準」を大きく飛躍させるチャンスの時なのです。なぜか? それは現在の不況のような〝危機的状況〟じゃないと全社員が挑戦しようという気にならないからです。

例えば、皆さんのお店の、「鮮度」基準の基軸はどこにありますか?

もっとわかりやすく言うと、「値引き基準」が「消費(賞味)期限日」にあるか、「加工(陳列)日」にあるか?ということです。

ほとんどのスーパーマーケットが「消費（賞味）期限日」を基準基軸としています。

しかし、これではアウトスタンディングな鮮度基準にはならない。

そうです。「加工（陳列）日」を基準にしていかねばならないのです。

この「鮮度基準」を名付けて、「ブルーオーシャン鮮度基準」（図表⑯）と言っています。

「業界の常識」的鮮度基準は、「消費（賞味）期限の〝～日前〟」。

しかし、小生が提唱しているブルーオーシャン鮮度基準は「加工日（陳列日）から〝～日後〟」というものです。

この基準の違いで、明らかに鮮度の〝基

図表⑯　「ブルーオーシャン鮮度基準」について

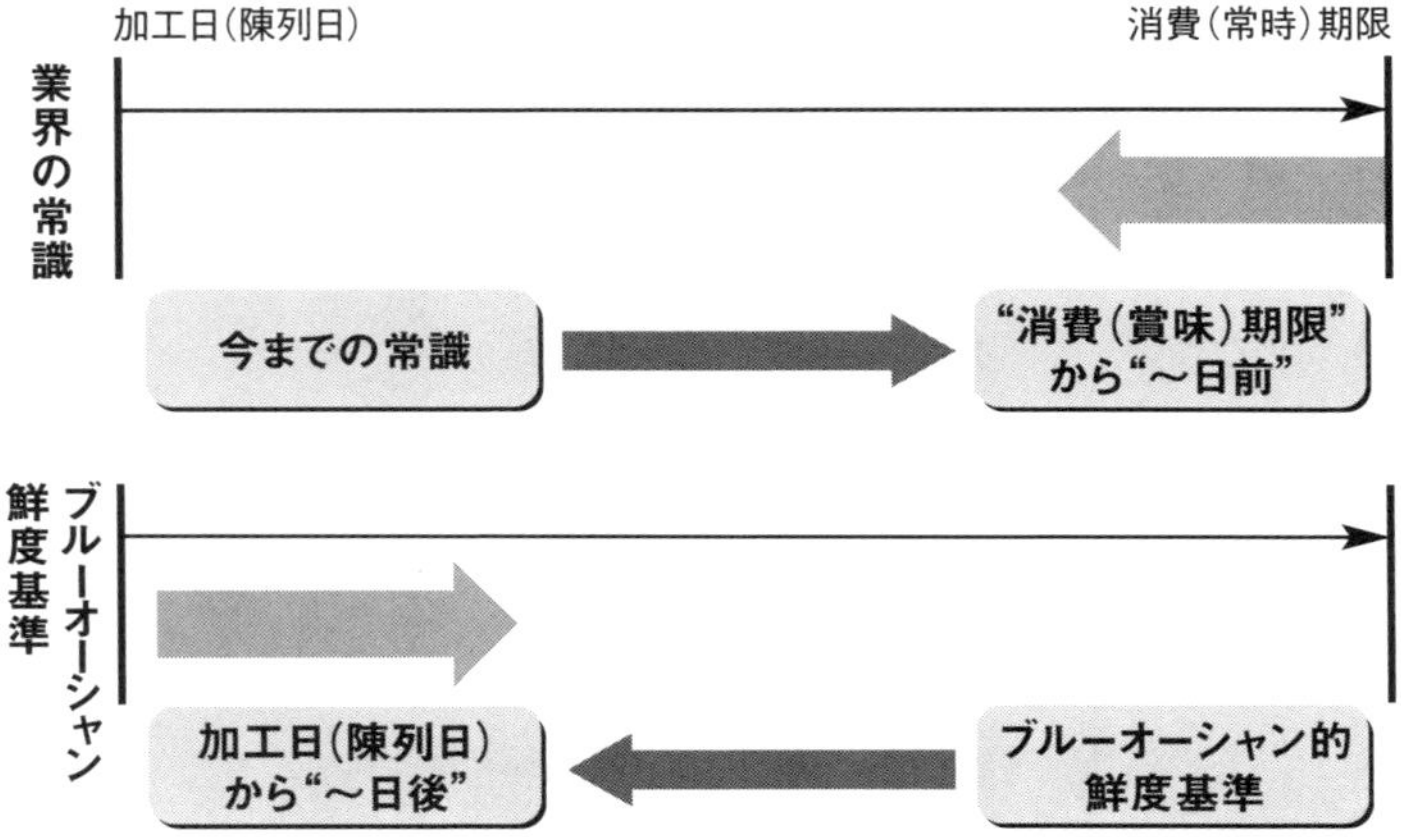

準〟が変わります。

これを実現できれば、明らかにお客さまから「鮮度が違うよね」と言われるようになるのです。

皆さんはこう思っておられますよね。

「そんなことしたら、値引きシールだらけになるし、ロスが増えて荒利益率が下がるんじゃないか！」と。

でも、それは全くの「逆」なんです。

加工日（陳列日）を基準にして、考えていけば、早めに見切らなければなりません。最短で1日の加工日（陳列日）の違いで値引きするのです。

でも、これだけを見ると、ロスが多くなると感じられると思いますが、「たった1日だけ」日付が古いだけなんです。ということは、「少額値引き」でよいわけです。

「5円引き、10円引きで売れるわけないよ!?」

皆さんのお店（企業）には、「5円引き」「10円引き」シールってありますか？

まさか、「20%引き」「30%引き」「半額」シールしかないなんてことないですよね？

小生はこの「5円引き」「10円引き」シールを奨励しています。

なぜか？

それは、「5円引き」「10円引き」「10%引き」で売れるタイミングで値引きするには、
いつどのタイミングで値引きしたらよいかを考えるからなのです。

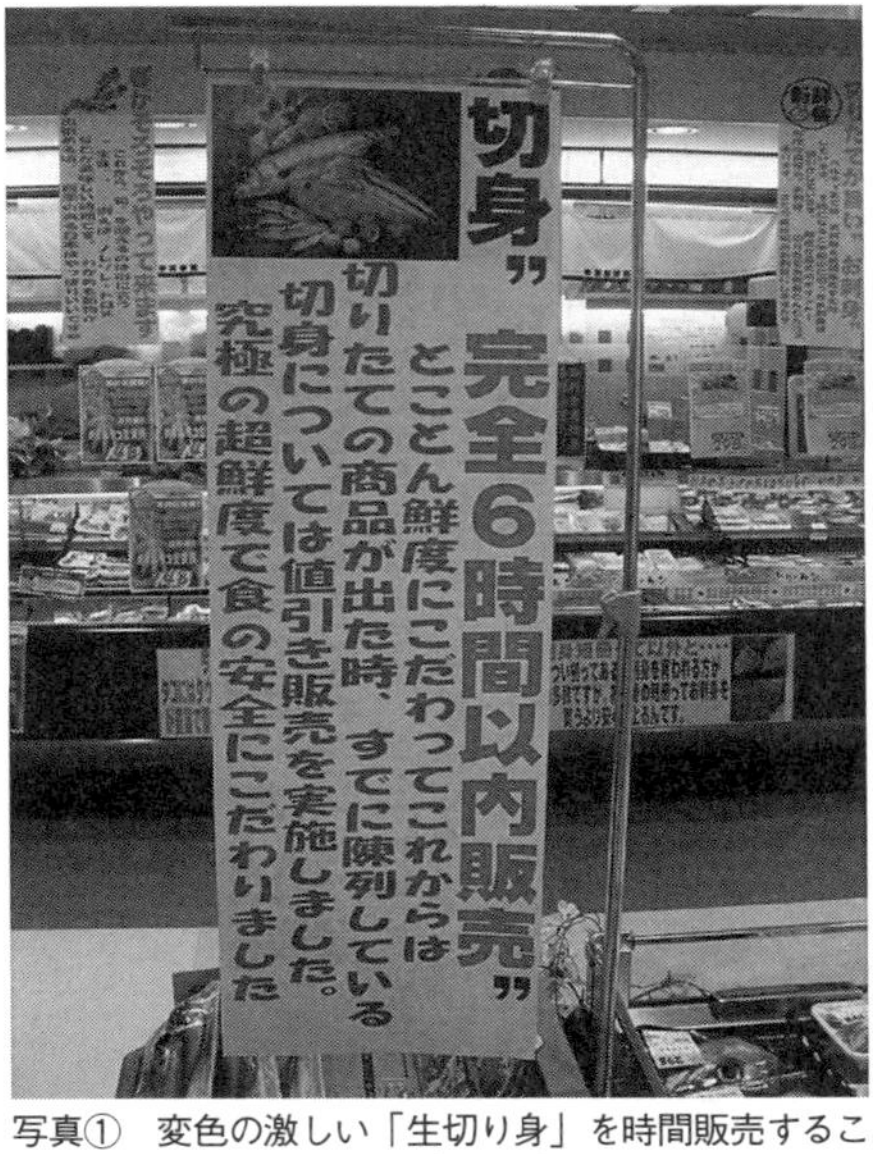

写真①　変色の激しい「生切り身」を時間販売することにより、飛躍的に売上げを伸ばすことができた。

このように、早めの見切りをするとどうなるか？

実は、「ロス率」が大幅に削減されるんです。

しかし、皆さん思っていますよね。

「5円引き、10円引き、10％引きで売れればわけないよ！　そんなに甘くはないよ！」

ってね…。

でも、売れるんです。ただし、売れる〝肝〟がある。

それは、「値引き商品の価値の見える化」です（写真①）。

これで、劇的に「ロス額が削減」して、荒利益高が増えていきます。

「鮮度基準」のパラダイムシフトで〝大きく儲かる〟ようになるのです。

そして、これだけではない。

鮮度基準のパラダイムを、「消費（賞味）期限」から「加工日（陳列日）」にシフトすることにより、〝発注精度〟が飛躍的に高まってきます。

今まで、何度となく「発注精度を高めなさい」「適正発注しなさい」「ＰＯＳデータを基に発注しなさい」と言い、「天候を考えながら発注しなさい」と言っても、一つも改善されなかった企業がありました。

しかし、この「鮮度基準」のパラダイムシフトにしてから、アッという間に「発注精度」が高まってきたのです。

人間って不思議な動物です。

負荷をかけられると、最初は苦労しますが、時間とともにそれに慣れてくる。

この「鮮度基準」のパラダイムシフトをスタートする前は、もう「反対勢力の急先鋒」だった人ほど、意外とすぐに結果を出し、〝人間が変わったように（笑）〟、その後の発言が変わります。

なんと言うと思います？　「お客さまの立場で考えたら当たり前でしょ」と、自慢げにほかの同僚に話しているんです。

これなんです。「ブルーオーシャン」的鮮度基準の〝極意〟は。

「お客さまの立場で考えた鮮度基準」なんです。

「売る側の立場」で考えるから高額商品が売れない

お客さまの立場で考えたら、「1日でも日付が古い商品は買いたくない」。

しかし、「1日だけ日付が古い商品」が〝少し安ければ〟買われる方ってたくさんおられますよね。特にこの不況・不景気の時代は。

しかし、「業界の常識」的鮮度基準だと、「日付の古い商品」が〝30％も安い〟。

そうすると、日付の新しい商品を買われるお客さまはこう感じます。

「なんで日付の新しい商品を買う私が3割も高く買わなきゃいけないのよ〜」

特に、牛肉や刺身盛合わせなど、高額商品は「定価で買うのがバカらしくなる」んです。

だから、値引き幅の大きいお店（企業）ほど、高額商品は売れない。

こんな当たり前のことを、実はお店（企業）の部門チーフ、店長、バイヤーは気づいてないのです。

「売る側の立場」でしか考えていない。

だから、高額商品が売れないんです。

では、どんな商品がどんなタイミングで「値引き」されるべきか⁉

図表⑰は、現在、ブルーオーシャン鮮度基準を実施している企業さんの基準です。

「改善・改革・進化」を重ねてここまできました。

図表⑰　「ブルーオーシャン的」商品別鮮度基準

<table>
<tr><th>部　門</th><th>商品名</th><th>ブルーオーシャン的鮮度基準</th></tr>
<tr><td>果　物</td><td>・桃
・ブドウ
・柿
・バナナ
・イチゴ</td><td>陳列後１日
（翌日朝より少額値引き）</td></tr>
<tr><td rowspan="2">野　菜</td><td>・葉物全般
・玉ネギ
・ニンジン
・ジャガ芋
・カットカボチャ
・カット大根</td><td>陳列後１日
（翌日朝より少額値引き）</td></tr>
<tr><td>・裸売りキュウリ
・カット白菜
・カットキャベツ
・裸売り葉物</td><td>陳列後６時間以内
（それ以降少額値引き）</td></tr>
<tr><td rowspan="3">鮮　魚</td><td>・刺身
・ブリ切り身
・サバ切り身</td><td>陳列後６時間以内
（それ以降少額値引き）</td></tr>
<tr><td>・丸魚
・切り身
・貝類
・サクどり等
（消費期限３日以内商品）</td><td>陳列後１日
（翌日朝より少額値引き）</td></tr>
<tr><td>・塩干物
（消費期限３日以上商品）</td><td>新しい日付商品陳列まで
（陳列後、古い日付商品値引き）</td></tr>
<tr><td>精　肉</td><td>・牛肉
・豚肉
・鶏肉
・ミンチ</td><td>陳列後１日
（翌日朝より少額値引き）</td></tr>
</table>

ここまでの基準になると、「荒利益高」が飛躍的にアップします。

そして、商品回転率が劇的に高まってきます。

そうです。そのことにより、「売上げが大幅にアップ」するのです。

小生はこれを「トリプル効果」と呼んでいます。
①商品回転率アップによる「売上げアップ」効果
②小額値引きによる「荒利益高アップ」効果
③鮮度基準のパラダイムシフトによる「発注精度アップ」効果
です。このブルーオーシャン鮮度基準は、「値引きシール」活用自体の考え方までパラダイムシフトするんです。

今までの「値引きシール」活用は、〝鮮度劣化商品に貼る〟という考え方。

しかし、ブルーオーシャン的鮮度基準でいくと、〝商品回転率を強引にアップさせる〟ために貼るという考え方になるんです。

いわゆるブルーオーシャン的値引きシール活用は「商品回転率アップマシーン」になるのです。

基準のパラダイムがシフトすると、これだけ違いが出るんです。

だから「儲かる」んです。

不況・不景気の時代に生き残れるんです。

在庫ゼロを目指すと〝人生観〟が変わる

次に「在庫」の基準のお話をしましょう。

皆さん、「適正在庫」ってどれくらいだと思いますか？

生鮮部門だと平均日商の2日分？　それとも3日分？

また、グロサリー部門だと10日分？　15日分？

実は、小生が考える適正在庫基準は〝ゼロ〟なんです。

「そんなんできるわけないやろ～」と思っておられますよね。

もちろん、店頭在庫までゼロは不可能ですが、「バックヤード在庫ゼロ」は実施しようと思えば実施できないことはないのです。でも、皆さんこう思っていますよね。

「明日からの特売在庫が入ってくる」「納品が3日に1回だから、在庫も持っておかないといけない」などなど…。

しかし、まずは「バックヤード在庫ゼロ」を基準にして、みんなで〝システム改善〟できないかを考えることがポイントなんです。

そうしないと、在庫なんて一向に減らない。そして、数字に出ない「見えないロス」も削減できない。

実は、小生、これをクライアント企業に実体験させたことがありました。

それは、一番在庫が多くなる「お盆商戦」と「年末～正月商戦」のことでした。

この2大商戦で「バックヤード在庫ゼロ」を目標に掲げ、実施してもらったんです。

もちろん、毎日ではなく、お盆も年末～正月商戦も生鮮であれば市場が再開される前日の夜の〝バックヤード在庫ゼロ〟を目標にしたのです。

すると、どうでしょう!?　できるんです。本当に在庫はゼロに近づけられるんです。

そして、どんなことが起きたか?

「荒利益高（率）の大幅アップ」の実現です。

とにかく、経営者や経営幹部の方々がビックリするぐらい荒利益高がアップしたんです。

ある経営者がこんな言葉を吐きました。

「店長、在庫ゼロを目指すと、〝人生観〟が変わるよな〜」

それぐらい衝撃的なことが起きるんです。

ということは、いかに今まで数字に出ない「見えないロス」が多かったかということなのです。

お盆商戦や年末〜正月商戦という、最も在庫管理が難しい時でも実現できるのです。

なのに、日ごろは「ああだー、こうだー」と理由をつけて「バックヤード在庫ゼロ」を目指さない。だから、いつまでたっても在庫は減らないのです。

在庫削減は「意識化」がポイントです

商売の原点は、「今日仕入れたモノは今日売り切る」ことですよね。

でも、近年、とても設備が良くなり、保管技術も飛躍的にアップしたために、鮮度劣化しなくなった。

そのため、皮肉なことに在庫をどんどん持つようになった。

そして、今では「在庫」を持つことが当たり前になってしまったのです。

グロサリーや菓子、日用品、酒なども、ＥＯＳやＰＯＳシステムの「解析・分析」の急速な進歩にもかかわらず、バックヤード在庫は減らない。いや、むしろ増加傾向にあります。

「物流システム」も飛躍的に改善され、いわゆる「カンバン方式」で納品できるシステムになっているにもかかわらず、バックヤード在庫は減らない。

会社はこの在庫削減に、どれだけの「設備投資」をしているかわかりません。

しかし、在庫は一向に減らない。なぜか？

「バックヤード在庫ゼロ」の基準で考えていないからです。

再度、商売の原点に戻って「バックヤード在庫ゼロ」を目指す〝システム改善〟を考えてみてはどうでしょうか。

ここで、実際に「バックヤード在庫ゼロ」を目標に行っている企業の「ある精肉チーフ」の〝日報〟をご紹介しましょう（図表⑱）。

生鮮部門で、最も「バックヤード在庫ゼロ化」が困難と思われている精肉部門でも、「意識化」すれば実現できるのです。

ということは、すべての部門で実現できるということです。

在庫削減は、企業にとって「回転差資金」が生まれるだけでなく、数字に出ない「見えないロス」の削減、そして「作業効率」まで飛躍的に改善されます。

在庫削減は「**意識化**」がポイントなのです。

まず、基準を「バックヤード在庫ゼロ」にもっていくこと。

そして、それを実現するために「システムを改善」する。

そうすれば、すべての数字が変われるのです。いわゆる「大きな儲け」が生まれるのです。

これから何年かは不況・不景気が続きます。ということは「需要と供給」のバランスが崩れるということ。

バランスが崩れると、必ず、「単品のスポット条件」が出てきます。

メーカーも問屋もスーパーマーケットと同じで、とにかく不良在庫を持ちたくない。だから、破格値の条件を出してくる。

その「単品スポット条件」に対応できるかどうかは、「在庫」の意識が高いか低いかによって決まると思うんです。

もちろん、〝単品量販できる力〟を持っているというのが絶対条件になりますが、常

2007/10月14日まで	
売上金額	7,151,686
売上点数	21,871
平均単価	327
値引金額	940,948
値引点数	4,190
廃棄金額	135,789
バンドル値引金額	177,723
バンドル外ロス金額合計	**899,014**

2008/10月14日まで		前年対比
売上金額	7,095,169	99.2%
売上点数	21,460	98.1%
平均単価	331	101.1%
値引金額	721,027	76.6%
値引点数	5,201	124.1%
廃棄金額	44,622	32.9%
バンドル値引金額	127,230	71.6%
バンドル外ロス金額合計	**638,419**	**71.0%**

在庫ゼロの意識化と新しい商品を出しながらの早めの値引きで全体でも大きくロスの削減につながりました。

安く買って安く売るな！といつも部長に怒られ……平日に3割引きでモデリングして検証しろと言われ……
な、なんと……う、売れました！

図表⑱　豚ヒレブロックのモデリング

調理サービス
POP

ポイントの
お得感POP

● 9月第三週の日曜日4割引き

販売金額	販売点数
16,602	22
利益高	利益率
4,490	27.0%

いつもは週末限定ですが、水曜日のポイント5倍日に3割引きで「○○マート」さんモデリング。

今期9月販売合計8万7289円（日曜日4回の4割引き）

●10月第三週の水曜日3割引き

販売金額	販売点数
19,785	32
利益高	利益率
7,413	37.5%

前年10月合計販売金額1万9900円
（去年は半額での週末販売）

今期10月14日までの販売合計8万1094円（日曜2回4割と水曜日1回3割）

売上対比	119.2%
利益高対比	165.1%

半月で前年対比407％アップ、先月比92％です。後半は3割引きでの販売で利益高も確保します。

に「身軽」な状態にしておくことが、いわゆる「儲けばなし」に対応できるということなのです。

不況の時代は、「資産デフレ」になり、資産の価値は日に日に落ちてくる。

だから、在庫を持ちすぎて、身動きがとれなくなるということは、資産価値の目減りを起こしているのと同じこと。

現在の時代背景からいっても、絶対に在庫を持ってはいけないのです。

そのためには、何度も言います。

「バックヤード在庫ゼロ」を基準に考えることなのです。

「販売員」ではなく「半売員」が増えてきている

小売りの基本は、「売ること」です。

「販売力」が高いか低いかによって、店が繁盛しているか、していないかが決まります。

でも、近ごろ「販売力」が急速に低下し始めてきているように感じてなりません。

いわゆる「売り切る力」がものすごく低下してきている。そのために、スーパーマーケットや小売業が儲からなくなったのではないかと小生は思う。

陳列まではしっかりと業務として行う。

しかし、業務の中に「売り切る」という項目がない。

これって不思議だと思いませんか?

皆さんの「業務」や「作業マニュアル」には〝売り切る〞という項目が入っていますか?

「陳列」や「POPを付ける」、「発注」、「クレンリネス」は業務としてほとんどの企業に記されています。

しかし、商売の原点である「売り切る」という項目はほとんど見当たらない。

だから、〝儲からなく〞なったんです。

近ごろ、「販売員」ではなく、「半売員」が増えてきているのです。

売り切ることを行わない方は「半売員」と言われても仕方がないと思いませんか?

不況・不景気の時代、「購買力の低下」が起き、「どんなに安くても自分に必要でない商品は買わない」という購買心理が発生します。

こういう購買心理が発生する時に、「販売力」が培われていなかったらどうなりますか？

「低価格商品しか売れなくなりました」、「チラシ特売比率が高まってきました」、「不景気で安く売っても売れなくなりました」、「不景気で売れなくてロスが増えました」などと、いかにももっともらしい「言いわけ」をする担当者たちが続出してきますよ。

でも、この「言いわけ」を会社内で絶対に「正論化」してはいけない。

「購買力」が低下することぐらいわかりきっていること。それを「言いわけ」にする文化を絶対につくってはいけない。

P・F・ドラッカーの言葉ではないですけど、「今、起きている未来」なんです。

今、対策を打たないと、取り返しのつかないことになる。

その対策が、「単品量販力」を鍛えることなんです。

今までのような「総花的品揃え」や「お客さまに選んでいただくような品揃え（陳列）」では、もう売れなくなるんです。

今までと同じ（好景気）販売方法では、「安い商品から売れる。安い商品しか買われない」という現象が起きるのです。

だから、総花的な品揃えやお客さまが選択するような売場では、ダメなのです。

「一品単価」は落ちるし、「買い上げ点数」も落ちる。

よって、「売上高」も下降し「荒利益高」も低下するのです。

では、どうするのか？

この現象に対する対策が、「店のおすすめを見える化」した陳列なのです。

いわゆる、「単品量販」の見える化なのです。

「単品量販力」と「売り切る力」こそ不況対策の肝

他のどの商品よりも、〃フェース拡大〃し、〃ボリューム感〃を出し、〃目に留まるＰＯＰ〃を付ける。そうすると、今のお客さまはこれに反応していただけるのです。

なぜか？　今のお客さまは「自分に価値のある商品しか買わない」から、です。

「この商品って、店がおすすめする商品なんだな〜。だから買っておこう」と思われるから、お客さまはその商品に「価値」を見いだすのです。

それに「なぜおすすめしているか？」のコトが付いていればもっと売れる。

そして、生鮮食品であればその「単品量販」している商品を徹底的に〃売り切る〃努力をするのです。

タイムサービス的に値引きをしてでも売り切ることが大切。

なぜか？

「売り切る力」をつけることにより、「不良在庫」がなくなるからです。

そうすると、「常に売り込み商品」を変えることができる。

よって、「お客さまの来店動機も高まってくる」ということになります。

来店動機が高まるということは、「客数が増える」ということ。

そして何より、「単品量販」力がつけば、「売れて儲かる」商品を売り込むことができます。

そうすると、「儲かる」仕組みを作り上げられるんです。

図表⑲は小生が提唱する「3―3―3の陳列原則」です。

「不況期・不景気」の時代、「単品量販力」ってものすごく大切なんです。

でも、誰も気づいていない。

「単品量販」力を鍛えた企業のみが「ブルーオーシャン企業」になることを知らない。

「不況・不景気」とは「消費者の購買意欲の低下」を招くことであるということを知

図表⑲　3-3-3-の陳列原則

青　果	「3倍のフェース」×「3倍の発注」×「3倍のコトPOP」×「売り切り」
鮮　魚	「3倍のフェース」×「3倍の発注」×「3倍のSKU展開」×「3倍のコトPOP」×「売り切り」
精　肉	「3倍のフェース」×「3倍のSKU展開」×「3倍のコトPOP」×「売り切り」
デリカ	「3倍のフェース」×「3倍の製造量」×「3倍のコトPOP」×「売り切り」
日配品	「3倍のフェース」×「3倍の発注」×「3倍のコトPOP」×「期間売り切り」
グロサリー	「3倍のボリューム」×「コトPOP」×「比較関連陳列」

図表⑳　商人伝道師流「商品区分」

1. 売れて儲からない商品（チラシ日替わり目玉・競合店対策商品）
2. 売れて儲かる商品（旬商品・条件商品・価値商品）
3. 売れなくて儲かる商品（高値入れ商品・バイヤーこだわり商品）
4. 品揃え商品（定番商品など）

らない。

だから、「単品量販力」をつけないと「消費者の購買意欲の低下」とともに売上げが低下していくことも知らないのです。

ですから、「単品量販力」「売り切る力」こそが「不況・不景気」対策の肝になるということなのです。

図表⑳を見てください。小生は商品をこのように4つに区別しています。

その中で、最も重視する商品が、「売れて儲かる」商品です。

当たり前のことですが、ここで質問です。

この「売れて儲かる」商品を、発注担当のパート社員さんや陳列担当のパート社員さん、並びにアルバイト社員さんから経営者の方まで、すべての社員に対して、「見える化」できていますか?

「バイヤーしか把握していない」という企業は儲かりません。

儲かっている企業の「共通点」は、この「売れて儲かる」商品が、発注や陳列担当者まで全員に「見える化」していることなのです。

特に、非生鮮食品では、この「売れて儲かる」商品の「見える化」は必要不可欠です。

荒利益「率」は〝本部〟、荒利益「高」は〝現場〟

商人伝道師流でいきますと、ＰＯＳデータ活用として唯一であり、絶対的なことは、「荒利益高商品の把握と動向分析（他店との比較も含む）」です。

ＰＯＳデータ分析って、売場担当者が「荒利益高商品」の把握と動向分析が３秒でわかればそれだけでいいんです。

その他のことはすべてなくても良いと小生は思っています（極論ですが…）。

企業は収益を上げるために、「ＰＯＳシステム」にばく大なコストをかけているわけです。

それなのに、「売れて儲かる」商品がＰＯＳデータでわからないこと自体がおかしい。

「売れて儲かる」商品（荒利益高商品）を、各非生鮮部門で上位10アイテムだけでも発注並びに陳列担当者が把握し、「発注の工夫」「陳列のフェース拡大」「コト販売」を〝意識的〟に実践してくれたらどうなると思いますか？

荒利益高が飛躍的にアップします。

そして、他店舗の荒利益高商品の動向が把握できたらもっとよい。

なぜか？　女性って、意外と「負けず嫌い」だからです。

「他店の同じ担当者に負けたくない！」という気持ちは男性よりはるかにあります。

その「負けず嫌い」の性格をうまく活用するのです。

すると、ますます儲かるようになります。

小生は、よくこう言います。「荒利益率（値入れ率）は、〝本部〟が獲得するもの」「荒利益高は、〝現場〟で獲得するもの」。

メーカーさんや問屋さんとの交渉はバイヤーの仕事。

だから、いかに安く仕入れるかはバイヤーの最も大切な仕事。

しかし、バイヤーにいかに「安く仕入れる力」があっても、それがイコール荒利益高の取れる優秀なバイヤーかというと、そうでないバイヤーが多い。

バイヤーは「荒利益高」を稼げないんです。

だってそうでしょ。どんなに安く仕入れて現場（店舗）に送り込んでも、担当者が「その気」にならなければ売れません。いや、売りません。

では、どうしたらいいのか？　その方法が、「情報の共有化」なのです。

バイヤーが担当者にいかに「この商品」は売れて儲かる商品なのかを説明し、「情報の共有化」をするんです。

でも、ほとんどのバイヤーは、商品だけ送り込んでいます。

商品に「バイヤーの思い」を付けなければ、売場担当者は、真剣に売ってくれません。

いわゆる「コト付き送り込み」をバイヤーは常に行うことが大切なのです。

これを「情報の共有化」といいます。

そして、次に、その「売れて儲かる」商品（荒利益高商品）の「売れ行き情報」（POSデータ）を担当者に常に把握させる「決めごと」をつくることが大切です。

これを「意識化」と言います。常に意識化させることにより、フェース拡大したり、発注を多くしたり、視認率を上げたりする工夫をしてくるからです。

〝荒利益高意識〟文化をつくって「儲かる」企業に

例えば、3連納豆で同じ売価98円の商品があったとします。

すると、「荒利益高」商品の意識がなければ、〝売りやすい〟メーカーの商品を多く発注する。

これは発注担当者としては当たり前。

リスクをできるだけ少なくしたいから、必ずこういう行動をとる。

しかし、「荒利益高」商品を意識化させると、〝儲かる〟メーカーの商品を多く発注し、フェース拡大も逆転してきます。

そうです。〝リスクのある発注〟をしてくるのです。

バイヤーならわかりますよね。

「荒利益高商品＝現場は売りづらい商品」である、ということを…。

メーカーさんは、御社の中でのシェアを逆転したいから好条件を出してきます（こればかりではないですが…）。

しかし、売場担当者に「荒利益高商品（売れて儲かる商品）」の意識化がなければ、全くといっていいほど売ってくれません。

こういう〝荒利益高意識〟文化がつくれている企業はどんどん〝仕掛け〟てくれます。

すると、「儲かる」企業になるのです。

そして、さらに荒利益高商品の数字を変える決め手は「他店の動向」の見える化です。

先ほどお話したように、女性は「負けず嫌い」な性格。だから、荒利益高商品の「異常値」をたたき出す担当者が出現してきます。

その担当者がどんな販売方法しているかを、メールなどで「販売方法の共有化」していくんですよ。これもバイヤーの大きな仕事の一つです。

だって、バイヤーが安く仕入れた商品を全員で「情報の共有化」することにより、競い合いながら売ってくれるんですよ。

バイヤーにとって「安く仕入れる」ことの次に大切な仕事がこれなのです。

でも、ほとんどのバイヤーがこの仕事をサボッている。

だから、いつまでたっても荒利益率・荒利益高が改善されないんです。

図表㉑の流れを理解すると本当に「結果」が変わります。

そしてこれが「会社の文化」になると、もっとすごい「効果」が出てくるのです。

メーカーさんや問屋さんの対応が変わってくるということです。

荒利益高商品を売る〝単品量販〟力が身に付くと、メーカーや問屋さんが「シェア逆転」を狙って、どんどん条件を出してきます。

メーカー・問屋の担当者さんも「数字」があるんです。

「あの店は、荒利益を与えればものすごい販売量をたたき出す」といううわさや実績が出てくると、条件が出やすくなります。

不況・不景気時代です。メーカー・問屋も売れなくなるんです。この状況は小売業よりも厳しいはずです。

だって、大手チェーンを中心にＰＢ商品を徹底的に売ろうという傾向にあるのだから…。

だから、この荒利益高商品を売り込む「文化」をつくりあげた企業が、どんどん「儲かる」ようになるのです。

おわかりですか?

図表㉑　商人伝道師流「儲ける」フローチャート

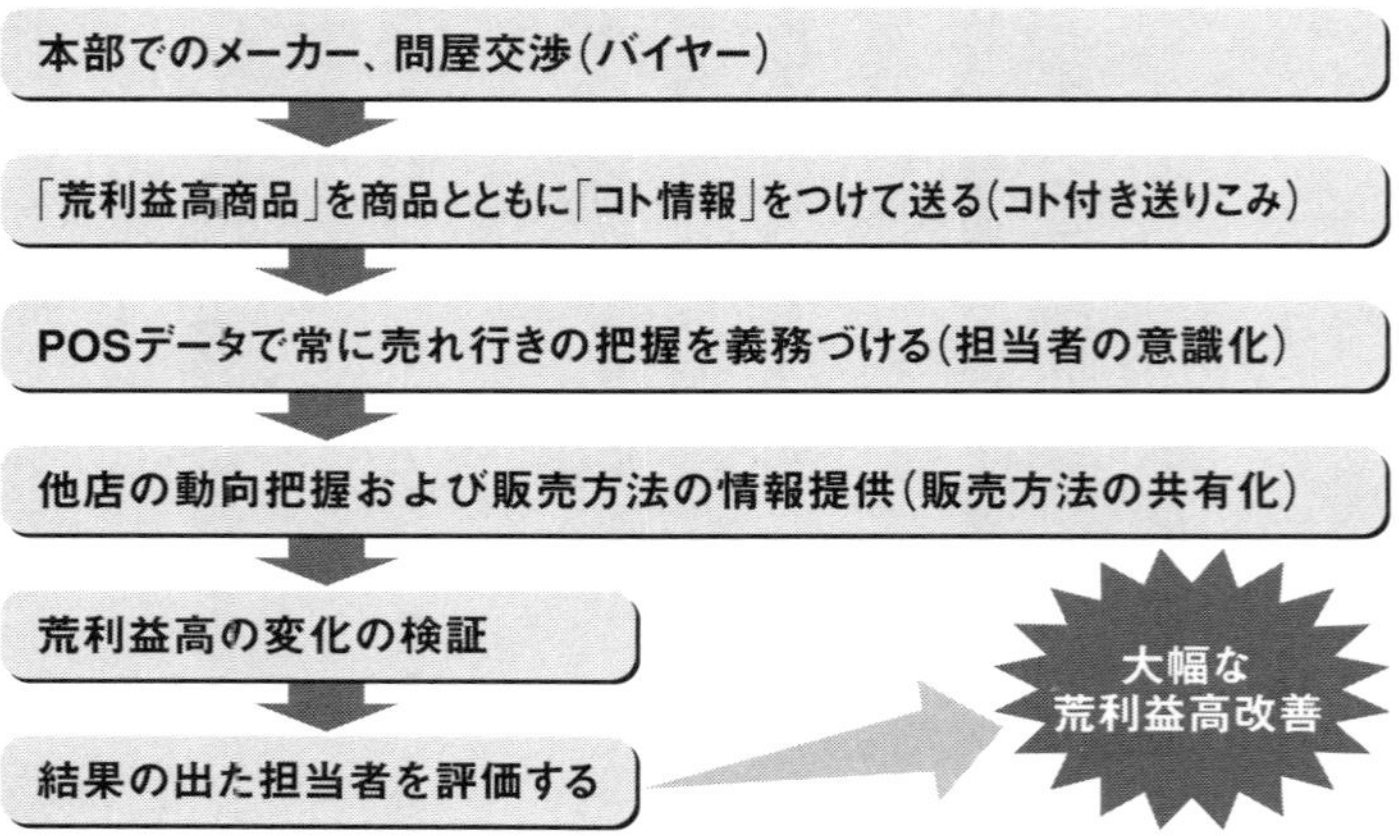
本部でのメーカー、問屋交渉（バイヤー）
「荒利益高商品」を商品とともに「コト情報」をつけて送る（コト付き送りこみ）
POSデータで常に売れ行きの把握を義務づける（担当者の意識化）
他店の動向把握および販売方法の情報提供（販売方法の共有化）
荒利益高の変化の検証
結果の出た担当者を評価する
大幅な
荒利益高改善

「コト販売」の基準を進化させよ！

小生の前著「スーパーマーケットの新常識！」で、新たな流通用語ができました。

それが、「コト販売」です。

小生の予想をはるかに超える勢いで、全国に広まりました。

そして、「今まで売れなかった商品がコトＰＯＰを付けるようになって売れるようになった」と、異業種の方も含めてすごい数の「お礼の声」をいただきました。

しかし、一度、コトを書いて売れたからといって、ずっと売れ続けられるとは限らない。いや、必ず売れなくなります。

なぜなら、「コト」にも〝鮮度〟や〝旬〟、〝トレンド〟があるからなのです。

では、これからの旬やトレンドとは何か？

「割安感」や「節約感」、「価値感」です。

これが、見える化できるようになると、「一品単価のダウン」や「支持率の低下」を防ぐことができるのです。

実例で説明しましょう。

実例Ａ　果物で１コ単価を見える化して、単価アップに成功！

これは、２００８年の年末商戦で行ったミカンの実例です。

これまでのミカン販売でいきますと、「ミカン１袋４８０円」という表示が常識的です。

しかし、不景気の中、そして購買力が低下している中、この表現だと〝１袋単価の安い〟ミカンしか売れない。

しかし、**写真②**のように、「１個単価」を見える化し、１個単価の安いミカンほど１袋単価（最終売価）を高くしたのです。

要するに、「１個単価の安いミカンは、安い時にまとめ買いしてみては…」ということを表現したのです。

するとどうでしょう。１個単価の高いミカンも値頃感があって売れるし、１個単価の安いミカンは「まとめ買い」心理で単価アップに貢献ということが起きたのです。

ちょっとしたことですけど、これってとても効果がありますよね。

実例Ｂ　土物類で節約感を見える化して、大幅な買い上げ点数アップ成功‼

写真②　ミカンの1個単価を見える化することにより、比較的原価の安いSサイズが一番売れた。

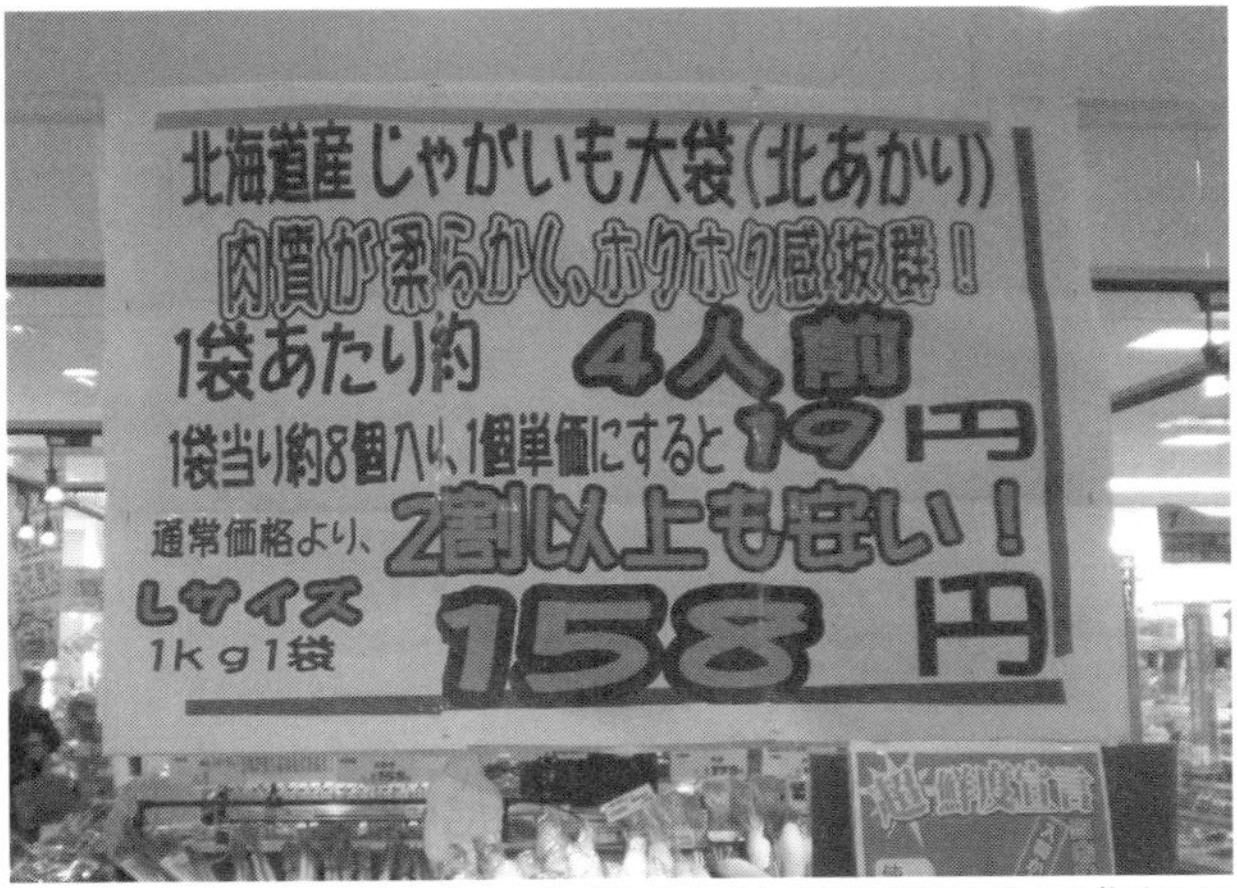

写真③　今まであまり売れなかった「北あかり」が1個単価を見える化することにより、5倍以上売れるようになった。

ジャガ芋、玉ネギ、ニンジンはいろんな料理に活用でき100g単価の安い野菜です。

しかし、いつも忙しいお客さまは気づかない。

そこで、その「節約野菜」を見える化したのが写真③。

すると、お客さまの節約感、ニーズとピッタリと合って、前年比150%以上の売上げアップ、買上点数アップにつながりました。

全く安くしなくても売れたのです。

実例C　「相場安」の見える化することにより、爆発的な売上げを達成。

鮮魚には相場があります。その「相場安」を見える化したのが写真④です。

特にお客さまはお魚を購入する時に一番悩みます。

なぜか…？　相場や値頃がわからないからです。

だからこの「相場安」のコトPOPで表現したのです。すると、コトPOPを付ける前の約3倍以上の売上げになったのです。

これも「割安感」の見える化です。

実例D　濃縮タイプのつゆで割安感を見せたとたん、売上げが10倍に！

夏の売れ筋というと、「麺つゆ」。それも「ストレートタイプ」が売れます。

写真④　相場安を見える化することにより、約3倍以上の販売量になった。

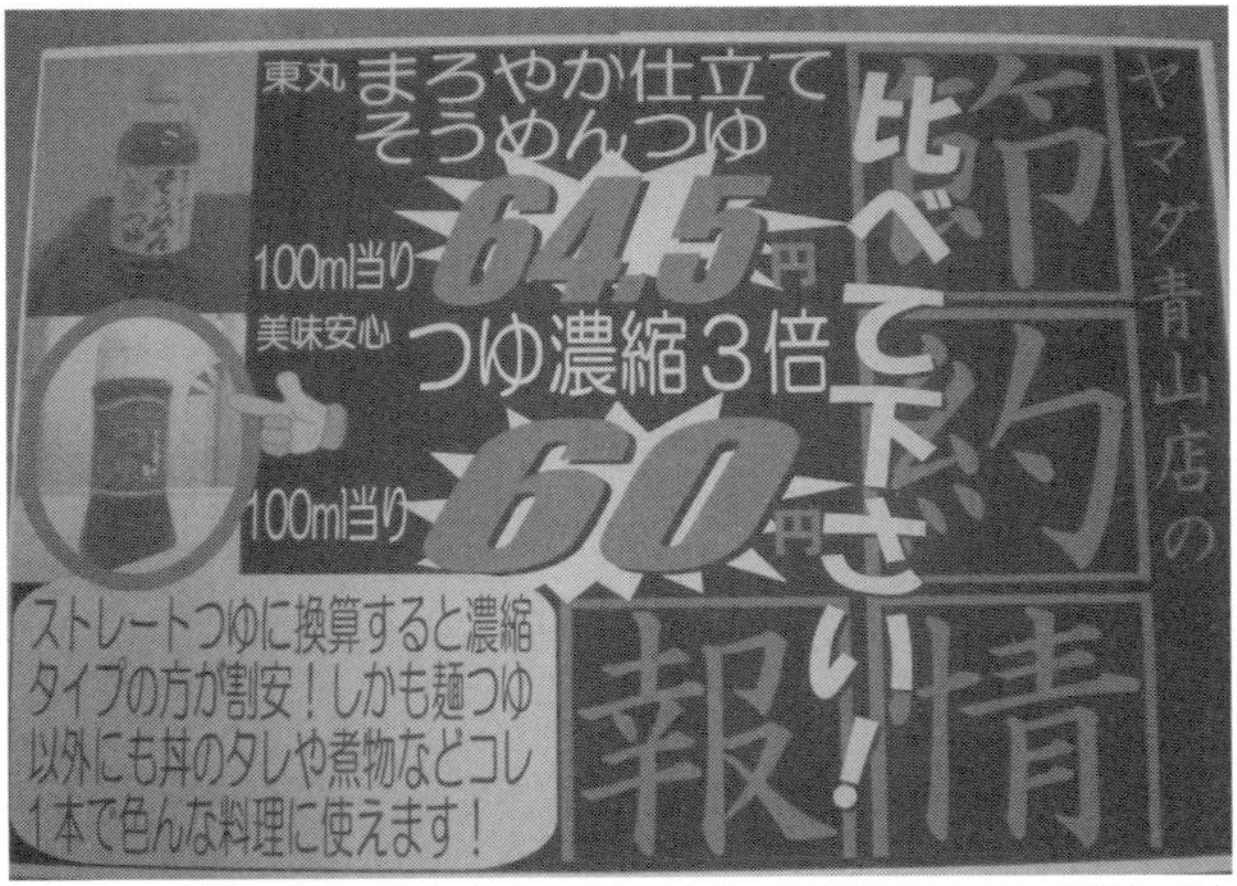

写真⑤　「価格の見える化」をすることにより、高荒利益高商品（濃縮つゆ）が“メガヒット”商品になった。

しかし、売れるから、チラシ商品（目玉商品）にしょっちゅう掲載されて、結果、全く儲からない商品となってしまっている。いわゆる「レッドオーシャン」商品。

そこで、大胆にも「濃縮タイプ」の麺つゆを売り込んだのが、写真⑤です。

5倍濃縮なので、5分の1に薄めた時の単価を見える化したんです。

すると、以前は全く売れなかった「濃縮タイプ」の麺つゆが10倍以上売れるようになりました。

単価の高い商品を売るには「割安感」の見える化をすることがポイントなのです。

これ以降、この担当者は、高単価商品を怖がらずに売り込むようになり、売上げと荒利益高の数字が変わり始めました。

このように「割安感」「節約感」「価値観」を見える化すると、今まで全く売れなかった商品、または高単価商品が売れるようになるのです。

スーパーマーケットの現場の方々が、コト販売のノウハウを身に付けた時、信じられないようなものすごい〝変化〟が生じてくるのです。

それぐらいすごい〝魔法の小槌〟なのです。

第4章

ブルーオーシャンな「メガヒットづくり」

――お客さまのエモーションを刺激してあげれば爆発的に売れる

「誰かがやるはずだった。自分がその誰かになりたかった」

（カール・ルイス）

まだまだ「メガヒット商品」が店内に埋もれている

「近ごろ、ヒット商品がないんだよね…」、と嘆く商品部長の〝愚痴〟の多いこと。

また、近ごろ、バイヤーが市場関係者や問屋、メーカーさんと顔を合わせると必ず言う口グセがあります――。「何かほかの企業で売れている商品ない？」。

それぐらい、ヒット商品がなくなったと言っても過言ではないのです。

「ヒット商品なんて、出し尽くしたよ！　だから、今までの商品の目先をいかに変えるかだよ」と公言される〝技術系〟コンサルタントの方もおられます。

小生は、そうは思いません。

まだまだ「ヒット商品」、いや「メガヒット商品」が店内に埋もれていると思います。

実際に、小生のクライアント企業は数々の〝メガヒット〟商品をつくってきました。

例えば、**図表㉒**の商品などです。これもほんの一握りですが、なぜこんなにも「ヒット商品」を毎年つくれるのか？

それは、「毎年、新しいメガヒット商品をつくるんだ」という、バイヤーの執念がも図表㉒　近年の“メガヒット商品”

・カットパイン	・サイコロステーキ
・アールスメロン	・豚テキ（豚ステーキ）
・果物屋のクレープ（ひな祭り）	・「～人前」焼肉
・スイカのおすすめカット	・うなぎトレー使用焼肉
・ブランド桃	・ササッと焼肉
・南水梨	・豚冷しゃぶ、豚温しゃぶ
・アップルマンゴー	・スモールチキン
・カットサラダ（X'mas）	・王様のエビフライ
・ちぢみホウレンソウ	・旬まで待てないデリカ
・ブランドレンコン	・ヘルシー弁当
・ブランドジャガ芋	・高単価かき揚げ
・ブランドカボチャ	・「～人前」唐揚げ
・高糖度トマト	・寿司サンド
・夏の菌たけ類	・サラダ風麺セット
・ネバネバ野菜	・ちびっ子恵方巻
・本マグロ切り落とし	・ヘルシー（チキン）ハンバーグ
・ボイルホタテたれ漬け	・夏のレトルトおでん
・旬鮮盛り	・夏の切りもち
・ブリ真空パック（正月）	・夏のすき焼きのたれ
・ブランドうなぎ	・冬の麺つゆ
・夕食用干物	・濃縮タイプつゆ、たれ
・魚卵の大パック	・ブランディングココア
・カスベ	・美味安心（無添加）調味料
・ブリステーキ	・規格外米菓
・ランプステーキ	

たらした結果なのです。

小生はバイヤーにいつも言うことがあります。

「去年と同じことをしていたら、必ず5％ダウンするよ。だから、常に〝ニューへの挑戦〟をしていこう」

「ヒット商品」は他企業やお取引先が持っているのではありません。

自社の店の中に埋もれているのです。じっくりと「切り口」を考えさえすれば、「ヒット商品」ってつくれるのです。

バイヤーさん、ぜひ、この「切り口」を探してみてください。

そうすれば、毎年、「ヒット商品」をつくることが可能になります。

ただし、長年、その道を極めているバイヤーほど、「固定観念」が強いので、この「切り口」が見つからないのです。ですから、この固定観念が、「ヒット商品づくり」の障害となっていることをまず理解してください。

「〝売れない〟と思い込んでいる商品はないか？」

「〝前例〟に流されていないか？」

「〝売価が高いと売れない〟と思い過ぎていないか？」

「〝トレンドや流行〟をついつい否定していないか？」

この中で、1つでも当てはまることがあったら、それは100％「固定観念」を持っていますよ。これを外すと、すごく発想が広がるのです。

例えば、「夏に菌たけ類は売れない」という固定観念を外したバイヤーがいました。夏に相場が安くなる菌たけ類を売り込めば、〝儲かる〟ぞ！と思ったわけです。

それからです。焼肉野菜や天ぷら野菜との平台での関連販売、そして、オープンケースでのバンドル販売など、徹底的に仕掛けたのです。

すると、菌たけトータルで、前年比200％以上という異常値をたたき出すことができたのです。

そのほかにも図表㉓のように、各部門、この「季節商品」の固定観念を外したら、この菌たけ類と同じような結果が続々と生まれたのです。

「季節商品」の固定観念を外してメガヒット

この「季節商品」の固定観念を外すことによる〝ヒット商品〟づくりは売上げのアッ

図表㉓　「季節商品」という固定観念を外したヒット商品例

春～夏	秋～冬
・菌たけ類	・長芋
・水菜	・アールスメロン
・里芋	・ブロッコリー
・白菜	・アスパラガス
・玉ネギ	・マグロ切り落とし
・ブリステーキ用	・解凍サンマ（冬）
・味付けカズノコ	・うなぎかば焼き
・ランプステーキ	・牛バラすき焼き
・牛ササッと焼肉（赤身焼肉）	・豚バラしゃぶしゃぶ
・牛肩ロースステーキ、焼肉	・スモールチキン
・サンマ塩焼き（春）	・冷麺セット
・カキフライ	・焼き鳥
・レトルトおでん	・枝豆
・すき焼きのたれ	・キムチ
・切りもち	・麺つゆ
・煮豆	・麦茶
・和菓子	

プ効果だけではないのです。

いや、むしろ「売上げアップの効果」よりももっと大きな効果があるのが「荒利益高アップの効果」です。

だって、そうでしょ。バイヤーをはじめ、すべての関係者が「固定観念」を持っているのですから、相場安であったり、破格値の条件が出たりするのです。

だからと言って、ムチャクチャ安く売る必要性はないのです。

他企業や競合店が販売していないのですから。

これぞまさしく、「ブルーオーシャン」状態。値頃感さえあれば売れる。

だから、他企業が腹立たしくなるくらい「儲かる」のです。

ヒット商品だけではなく、「スーパー荒利益高商品」にもなりえるんです。

「季節商品」という固定観念を外しただけでこんなことが実際に起きているのです。

さらにこの業界には、長らく「値頃感」という言葉が根強く染みついているため、「売価が高いと売れない」という固定観念がバイヤーにあります。

この固定観念を一度無視してみると、意外なヒット商品が生まれてくるのです。

なぜ、「売価が高くても売れるのか?」と疑問に思うバイヤーが多いことでしょう。

その答えは、「価値」を見える化することなのです。

今までは「価値の見える化」という文化がなかったために、販売側も消費側も「この商品ならこれくらいの売価よね」という固定観念を持っていたわけです。

それが、「コト販売」をはじめとした「価値の見える化」という文化が出始めてから、高額商品でも何の抵抗感もなく売れるようになってきたのです。

精肉の販売の定番といったら、「定額販売」もしくは「バンドル販売」ですよね。

一度これで成功すると、なかなかこの「定額販売」や「バンドル販売」をやめられなくなる。これ、まさに典型的な「値頃感」販促です。

この「定額販売」をキッパリとやめて「ユニット販売」に切り替えてみたのです。

その切り替えた要因はただ一つ。「見える化」をすることにしたからでした。

そうです。〝「〜人前」の量目〟の見える化をすると決めた瞬間に、値頃感販促をやめざるを得なかったのです。

最初は、売場担当者は全員、定額販売を中止することに反対。

いや〝猛反対〟といった表現がピッタリとするくらいの反対でした。

しかし、そこをバイヤーが説得に説得を重ねて、最後は「とにかく10日間だけやらせてくれ。その代わり私の言う通りにやってくれ」のバイヤーの一言に〝しぶしぶ〟納得して「ユニット販売」がスタートしました。すると、どうでしょう。

平日でも、牛肉で1パック2000円以上の商品が売れる。豚肉でも1パック1000円以上の商品が動く。ひき肉でも1パック500円以上の商品が動く。

一番ビックリし、カルチャーショックを受けたのが、「とにかく10日間だけ…」と説得したバイヤー本人だったのです。「まさか、こんなに売れるとは…」。

最初は、1パック2000円以上の商品を魅せ筋（見せ筋ともいう）にして、1パック1000〜1500円の商品を売り込もうと思っていたわけです。豚肉もひき肉も同様に…。

しかし、バイヤーの思惑とは全く違う結果、それも、良い方向の違う結果になった。

そして、売場担当者はどうだったか？　実は、猛反対したことなど、すっかり忘れて〝大喜び〟。だって、「数字が大きく変わる」んですもん。

なぜ売れたのか？　「〜人前」の価値と「1人前単価」をお客さまに見える化したからです。

たったそれだけで、売上げ130％以上、1品単価140％以上という信じられないようなことが起きたわけです。

そのキッカケは「単価が高いと売れない」というバイヤーの固定観念を外したことだったのです。

〝ネーミングはおいしさである〟――小生の持論です

このほかにも、この「単価が高いと売れない」という固定観念を外して売れた商品があります。その一例が図表㉔です。

実は、お客さまも「ちょっと違った商品ないの？」と探しているのです。いわゆる「宝探し」みたいな感じを持っておられるのです。

しかし、スーパーマーケットは、「マニュアル」「値頃」「旬」などという、〝固定観念〟を徹底的に教育されているので、その枠を破るということは〝タブー視〟されてきたわけです。

ですから、「スーパーマーケットはどこに行っても同じ」というお客さまの〝固定観念〟も生まれてしまったのです。

その固定観念をぶち破ることが、ヒット商品が出づらくなった今だからこそ、大切になってきているのです。

ここで、理屈はわかったけど「じゃ～、その商品を見つけるにはどうしたらいいんだよ」という疑問がフツフツと沸いてきますよね。

そこで図表㉕を見てください。「商人伝道師流メガヒット商品づくりの手順」です。

図表㉔ “売価が高いと売れない”固定観念を外してヒットした商品

- アールスメロン
- 国産アップルマンゴー
- 藤稔、ピオーネなどの大粒ブドウ
- ＤＸイチゴ
- ブランド枝豆
- 高糖度トマト
- 畜養本マグロ
- 特大有頭エビ
- 夏のカニ（タラバ、ズワイ）
- 500円／Ｐ以上のちりめん
- 1000円／Ｐの明太子
- 3000円以上の焼肉セット
- 5000円以上のすき焼き用肉
- 5000円以上のしゃぶしゃぶ用肉
- 大パックの小間切れ
- 大パックの合いびきミンチ
- 大パックの豚肉ミンチ
- 5000円以上の寿司盛合せ
- 5000円以上の揚げ物
- 1000円以上の中華セット
- 300円以上のスイーツ
- 500円以上のカステラ
- 100％ストレート果汁飲料
- 国産落花生
- ブランド米菓
- ブランドチョコ

図表㉕　商人伝道師流「儲ける」フローチャート

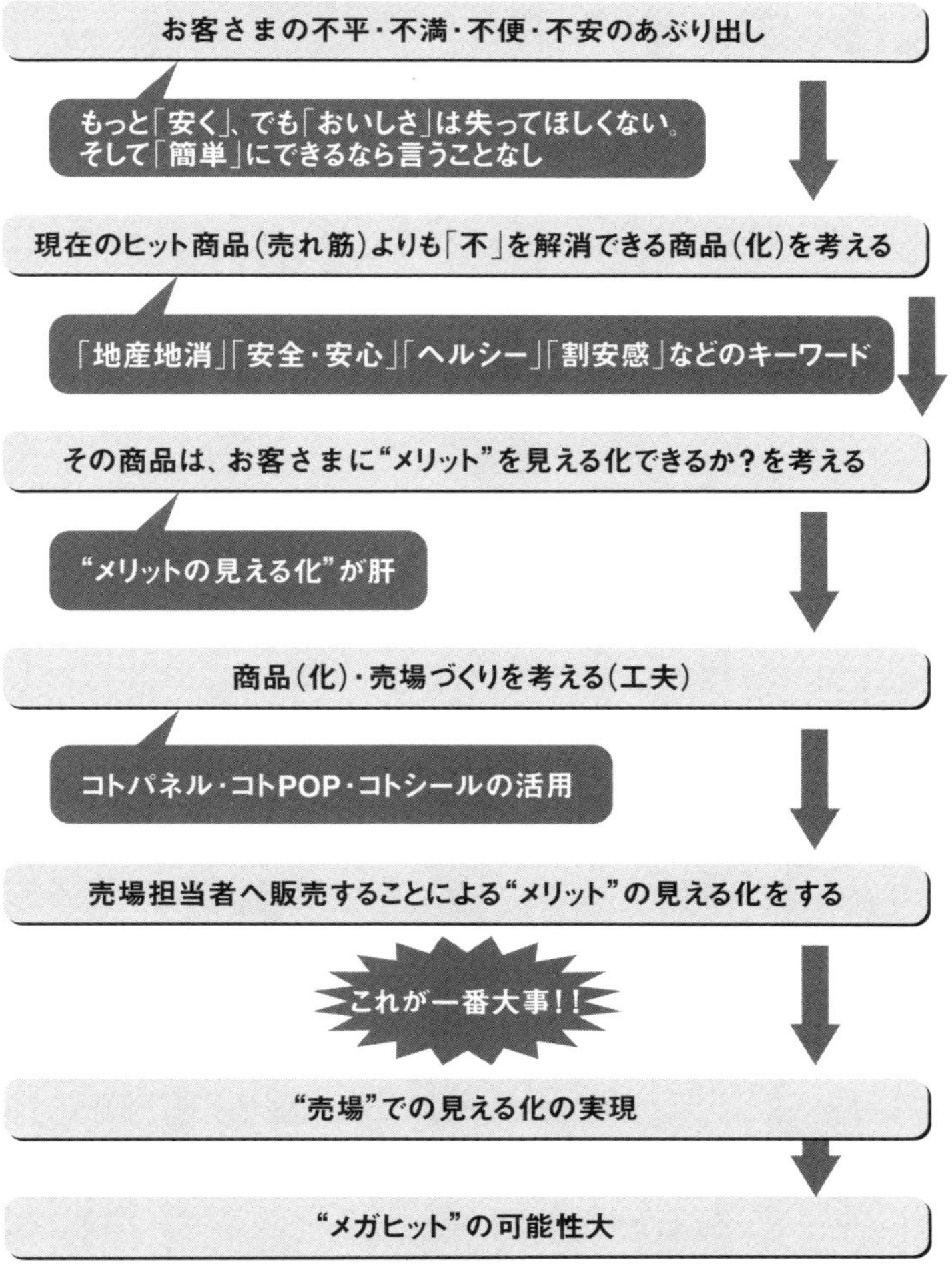
お客さまの不平・不満・不便・不安のあぶり出し
もっと「安く」、でも「おいしさ」は失ってほしくない。
そして「簡単」にできるなら言うことなし
現在のヒット商品（売れ筋）よりも「不」を解消できる商品（化）を考える
「地産地消」「安全・安心」「ヘルシー」「割安感」などのキーワード
その商品は、お客さまに“メリット”を見える化できるか？を考える
“メリットの見える化”が肝
商品（化）・売場づくりを考える（工夫）
コトパネル・コトPOP・コトシールの活用
売場担当者へ販売することによる“メリット”の見える化をする
これが一番大事！！
“売場”での見える化の実現
“メガヒット”の可能性大

まずは、自分の売場や商品をじっくり観察してみてください。

その売場を〝お客さまの立場〟から見て、「不平・不満・不安・不便」に思うことをあぶり出してほしいのです。

「サーロインは高いよね、もっと安くておいしいステーキはないの？」

「健康ブームで豆腐が売れているよね。ちょっとでいいから量が少なくて値頃のある豆腐が欲しいよね」

「春って、秋と気候が似ているのに、焼き魚ってないよね」

というように、お客さまの立場での「不平・不満・不安・不便」をあぶり出すのです。

自分で思いつかなかったら、女性社員や売場担当者の方々にもあぶり出してもらう。

その「不」をあぶり出したなら、次にそれに該当する商品を見つけ出す、または開発するのです。これはバイヤーの得意分野だから簡単にできますよね。

そして、次が肝心です。その見つけ出した商品、開発した商品を「お客さまに〝購入するメリット〟がはっきりと見える化できる商品」にするにはどうするかを考えるのです。

これがはっきりと見える化できなければ、その商品は売れないので、この段階でその商品は却下です。

そして、お客さまに「購入するメリット」を見える化できる商品であると確信を持てたら、次に〝商品化〟〝ネーミング〟〝売場展開〟を考えるのです。

特に、近年、生鮮部門で注目されているのが〝ネーミング〟。これはとっても重要。

小生のクライアントでも〝ネーミング〟でメガヒット化したものがたくさんあります。

例えば、「ササッと焼肉（薄切り焼肉）」（写真⑥）、「幻の馬刺し（サシの入った馬刺し）」（写真⑦）、「王様のエビフライ（13／15サイズのエビ）」（写真⑧）、「海援鯛（養殖のタイ）」「居酒屋の干物（脂ののった干物）」「フルーツの宝石（国産サクランボ）」など。

〝ネーミングはおいしさである〟――これ小生の持論です。ネーミングで意外と大ヒットするということもあるので要注意です。

ただし、ネーミング以上に大事なことがあります。

それは、「売場担当者を納得させること」です。

売場担当者が本気になって売り込んでくれないと〝メガヒット〟にはつながりません。

そのためには、「販売することのメリット」を徹底的に説明することです。

「この商品を徹底的に売り込むことにより荒利益高が上がる」とか。

「競合店との違いが店に出るので、ブルーオーシャン状態になる」とか。

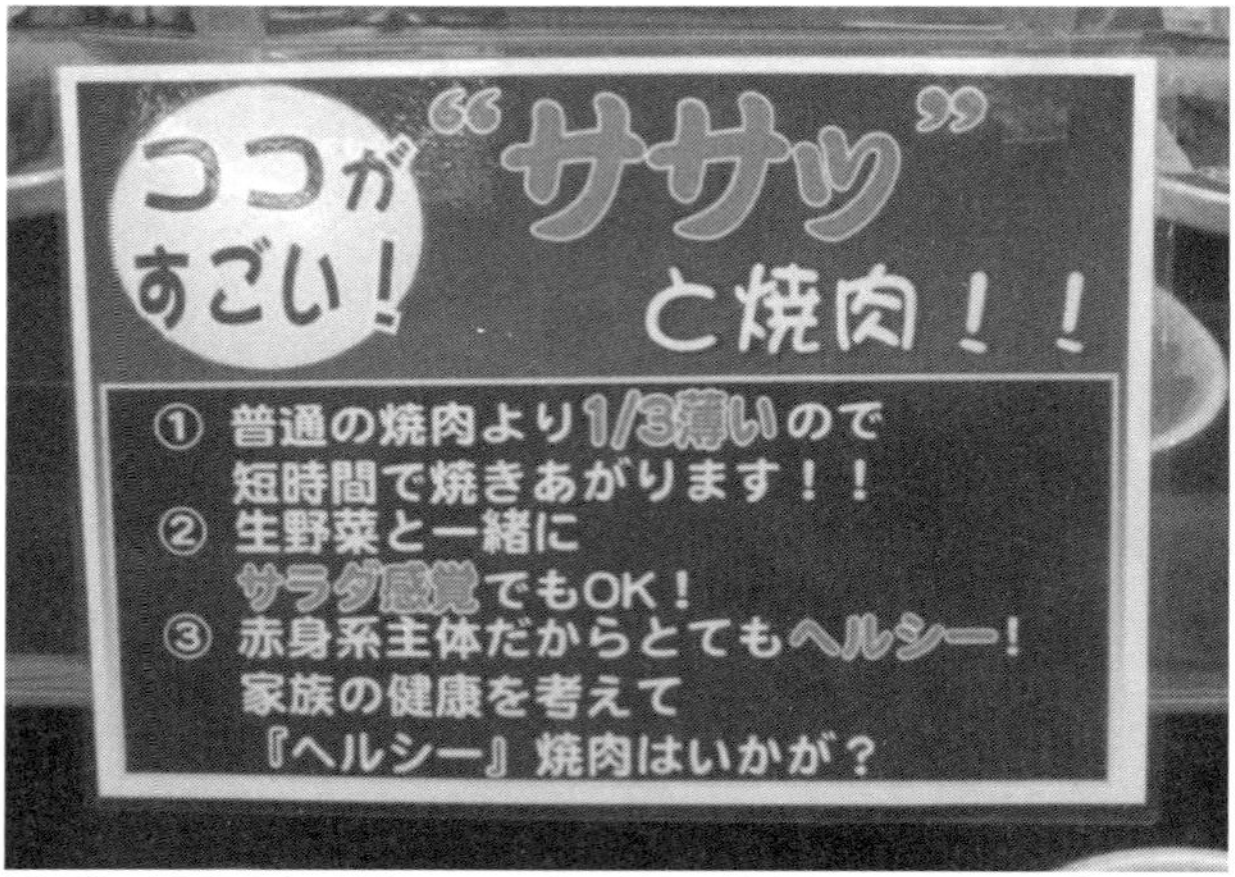

写真⑥ 「お客さまの購入メリット」の見える化をすることにより、“メガヒット”商品になる。

写真⑦ 「お盆」時に、“限定”の見える化と“希少価値”の見える化をしたことにより、“メガヒット商品”となる。

「マンネリ化した売上げの打破につながる」とか。

販売メリットを説明し、売場担当者に納得してもらうことが大切です。

〝裏技〟として、日ごろからバイヤーが〝この担当者〟と思っている人間にまず仕掛けさせる、というやり方もあります。

とにかく、最優先すべきは、1店舗からでもいいから、すぐに〝実績〟〝結果〟を大きく変えさせることです。

そして、その情報を全店に流し、「情報を共有化」する。これで「メガヒット」の可能性がかなり高まります。

ご理解いただけましたか？

そこで、「メガヒット」成功のポイント

写真⑧「ネーミング」に“値頃感”を見える化したところ、1本198円のエビフライが“メガヒット”商品になった。

を5つにまとめてみました（図表㉖）。

①「お客さまの購入メリット」を見える化する

お客さまは今までよりも、「もっと安く、もっと便利で、もっと〝おいしく〟、もっと〝ヘルシー〟」な商品を常に求めています。

そして、お客さまは「異質」な商品、いわゆる「この店しか売っていない」という商品が大好きなのです。

ですから、そのことをお客さまに伝え、お客さま自身が「購入する価値があるな～」と認めてくれるような仕掛け（＝「見える化」）が「メガヒット」づくりにつながるのです。

図表㉖　“メガヒット”成功の5つのポイント

1.「お客さまの購入メリット」を見える化する！！

お客さまは「**価値**」を買っている
例：カットフルーツセット、「～人前」、魚地産地消デリカ、旬のかき揚げ、フルーツトマト

お客さまは「**もっと安く、便利で、おいしい**」ものはないかを常に探している
例：ちらし寿司セット、豚焼肉、ブリしゃぶ

お客さまは「**異質**」なモノを求めている
例：もっと安く、もっと便利に、もっとおいしくの見える化

2. 市場で余って(ダブついて)いる商品で、“売れる切り口”を考える

主力商品と比較して、メリットがあれば売れる
例：旬の近海生マグロ、ミニかき揚げ

主力メニューと比較して、「安い」「ヘルシー」「用途の広さ」があれば売れる
例：ランプステーキ、一口ステーキ、ヘルシーチキンカツ(ハンバーグ)、旬鮮盛り

「メニュー」「食べ方」などを見える化すれば売れる
例：ブリ、カジキステーキ、しらすちりめんのジャンボパック、明太子やタラコの切り子のジャンボパック

「ネーミング」「商品化」を工夫すれば、“メガヒット”になる
例：ササッと焼肉、デリカ風惣菜、うなぎトレー焼肉、2人前刺身

3. “時代の変化”に対応した商品(化)を見える化する

・「少家族化」対応
・「安全・安心」対応
・「地産地消」対応

「付加価値」になる

＜メガヒット例＞
・少量高付加価値商品づくり
・「コト」の付く商品化(デリカ)
・「地産地消」は3秒で見える化する工夫

4.「五感訴求」した販売で“メガヒット”になる

・「ライブ」販売
・「香り・におい」販売
・「音」販売
・「味比べ試食」販売

人間の「五感」
（視覚・聴覚・嗅覚
・味覚・触覚）を刺激する

＜メガヒット例＞
・カットパイン、スイカライブ、ゆでたてライブ
・菌たけ類のホットプレートライブ・エビフライライブ
・ステーキカットライブ・ファイヤーライブ

5.「手が届く」グルメを“ハレの日”に仕掛ける

・「消費の二極化」でハレの日はお金を使う

・アフォーダブル・グルメ
（手の届くグルメ）が消費を引き上げる

・「コト販売」で消費者を刺激する

②相場安商品・〝業界の非常識（脱常識）〟商品は「売れる切り口」を見える化する

「人の行く裏に道あり。宝の山」ということわざがあります。

まさしく、この〝相場安商品〟や〝業界の非常識（脱常識）商品〟は「宝の山」。

後は、「なぜこの商品を提案しているのか」を徹底的に見える化すればいいのです。

「お客さまにとってもすごいメリットがありますよ」「相場安だから、とっても安く買えますよ」といったことを徹底的に見える化するのです。

そうすると、業界では常識外商品と思われている商品でも、節約できたり、簡単に料理ができる商品なら、お客さまにとってはいわゆる〝ラッキー商品〟となるのです。

だから、１００％の確率でメガヒット商品になるのです。問題はいかに大胆に展開できるかだけなのです。

感情を刺激してあげれば必ずメガヒット化する

③〝時代の変化〟に対応した商品（化）を見える化する

いわゆる「トレンド」に即した商品（化）です。

例えば、「節約（感）」「割安（感）」「地産地消」「安全・安心」「個食化（少家族対応）」というのが今のトレンドですよね。

これを徹底的に見える化するのです。

いわゆる「コト販売」でメガヒットになる商品を探すのです。

例えば、そうめんやパスタは、「1食当たりの単価」を見せる。

切りもちや麦茶は、「1個並びに1リットル当たりの単価」を見せる。

要は、今、お客さまが何に関心があるかを見定めることなのです。

これを見つけ出すだけで、「メガヒット」商品につながるのです。

④「五感訴求」販売でメガヒットになる

実は、同じ商品でお客さまの五感（視覚・聴覚・嗅覚・味覚・触覚）を刺激することにより、メガヒットする商品もあります。

例えば、切り売り「ライブ」販売。

試食「香り・におい」販売。実演「音」販売。「味比べ」試食販売がこれに当てはまります。

バイヤーさん、売場担当者さん。「五感」を刺激できる商品って皆さんの部門にないですか?

ぜひ、探してみてください。必ずあるはずです。

「五感」を刺激する販売を実施するだけで、ただ単に陳列している状態の何倍や何十倍も売れることってあるのです。だから仕掛ける価値は十分にあります。

そうすることが、「メガヒット商品」につながるのです。

⑤「手が届く」グルメを〝ハレの日〟に仕掛ける

今後、ますます「消費の二極化」が進みます。

平日やケの日は徹底的に「節約感」が強まる。

しかし、その半面、イベントやハレの日はちょっと奮発して、おいしそうな商品を購入するという「グルメ志向」が高まる。

こういう購買行動を、「消費の二極化」と小生は位置づけています。

だから、イベントやハレの日は、「手が届く」グルメ商品を大胆に展開することをおすすめしている。

いわゆる「アフォーダブル・グルメ（手の届くグルメ）」商品です。この「アフォーダブル・グルメ」商品を売り込むには、「コト販売」で消費者を刺激してあげることが大切です。

そうすれば、購入してもらえる確率が飛躍的に高まります。特にイベントやハレの日に仕掛ける「メガヒット」商品は、ものすごくお客さまの反応が早い。なぜか？

それは、「お金を使おう」という気持ちで買物に来られているからです。

だから、「コト販売」などで、その感情（エモーション）を刺激してあげれば必ずメガヒット化するのです。

ですから、ぜひ、チャレンジしてみてください。イベントやハレの日は年間で10回以上あるのですから…。

売れない時代だからこそ「売れる商品」をつくる

バイヤーは「安く仕入れる」ことも大きな仕事です。

しかし、忘れてはいけないのは「ヒット商品」を開発することもバイヤーの仕事なのだということです。

しかし、いつの間にか、この「ヒット商品」づくりという仕事が忘れられてきているような気がする。

では、どうしたらこの「ヒット商品」が出にくい時代に「ヒット商品」をつくることができるのか？

その「ヒント」をアドバイスしましょう。

まずは、「考え方」「切り口」から入っていくこと。

「考え方」や「切り口」がしっかりしていないで、「見た目がきれい」だけでは、1回や2回は売れますがヒット商品にはなれないのです。

だって、お客さまは「価値」を見い出せないから継続購買しないのです。

だから、「不平・不満・不安・不便」のあぶり出しが必要なのです。

その「不」を解消した商品づくりがメガヒット商品の決め手となるんです。

次に、常に一番目に〝お客さまのメリット〟を考える。

この商品はお客さまにとって購入するメリットがあるかどうかを考えてつくった商品は、かなりの確率でヒットします。

これが〝ヒットメーカーバイヤー〟とそうでないバイヤーの「紙一重」の違いです。

そして、〝見える化〟すれば、必ず売れる。

お客さまは最終的には価値（バリュー）を買っている。これは小生の一貫した考え方です。

小生のクライアントは、これで数多くのヒット商品をつくり出してきました。徹底的に「商品化」「ネーミング」「売場展開」「コト販売」で見える化すること。そうすることによりヒット商品をつくれたのです。

その上で、売場担当者を〝本気〟にさせる。

売場担当者が本気でヒット商品にしようとするように、納得するまで説明する。「説得しても人は動かず。納得して初めて動く」、これは行動科学の原点です。

それでもダメなら「成功事例」をつくる。そうすれば必ず「人は動きます」。

そのためには、〝情報の共有化〟と〝成功するまでやり続ける〟信念が必須なのです。

ヒット商品は、ヒットするまで時間がかかった商品ほどヒットが長続きします。

簡単にヒットするということは、競合店もまねしやすいから、すぐにヒット（ブーム）が終わるのです。

〝オリジナル性〟が高いほど、〝希少性〟が高いほど、ヒットが長続きする。

だから、じっくりと根気強くやり続けることが大切です。

情報を共有化すれば、各店の担当者が売れるまで「改善・改革・進化」してくれます。ヒット商品になるスピードが加速化するのです。

「売れない」時代だからこそ、「売れる商品」をつくることが大切です。

「売れない」時代だからこそ、「メガヒット」するチャンスなのです。

ちょっと想像してみてください。メガヒット商品が各部門でどんどんつくれるようになったらどうなりますか。

競合店や他企業と全く違う店づくりが実現できる。

「ブルーオーシャン」的店づくりができる。

そうすれば、集客も売上げも上がってくる。そして、「儲かる」ようになる。

「儲け」は、安く仕入れるだけではないのです。

〝ヒット商品〟をつくることも「儲ける」方法なのです。

「お客さまの立場」で考えた企画は当たる確率が高い

不況期・不景気になると、お客さまはどんな購買行動をとるか?

①安い商品しか買わない。
②どんなに安くても必要な商品でないと買わない。
③余分・余計な量を買わない。
④お客さま自身にとって「得」するときしか買わない。
ということは、販売販促手法も変えていかねばならないということですよね。

お客さまが「節約」できる購買をするには、どんな買物行動がベターなのか?

それは、「いつも決まった商品を、いつも決まったお店で、いつも決まった曜日に買う」という買物行動です。

皆さんも、経験があるのではないでしょうか。

日ごろ、買物をしているスーパーマーケット以外で買物すると、「珍しい商品」「安い商品」「おいしそうな商品」がものすごく目について、ついつい〝買い過ぎ〟てしまう。

小生の愛する奥さんがこの「典型例」で、「わぁ、ここ安い。安いからこれ買っとこ」「わぁ、おいしそう。うちの近くのスーパーにはないわ〜。ちょっと買っとこ」ってなことになる。

ですから、「節約」するための一番よい買物の方法は、「定例購買」なのです。

かねばならないのです。

よって、販売側も、このお客さまの定例購買に合わせて「定例販促」に切り替えてい

「そんなこと、もうとっくの昔にやっているよ！」って思ってらっしゃるかもしれませんが、今までのような、「～の日」的な定例販促では、効果はない。

圧倒的な〝支持〟を受ける定例販促に「進化」していかなければならないのです。

名付けて、「ブルーオーシャン販促（プロモーション）」。

では、どのようにして定例販促を進化させていけばよいのでしょうか。

まず、最初に決めなければならないのは、定例販促の「企画」――「いつ、どんな商品をどんな企画で販促するのか？」、です。

今までのような、「野菜の日」「肉の日」「豆腐の日」「牛乳の日」というようなアバウト（抽象的）な定例販促では、１００％お客さまには支持されません。

お客さまの〝潜在意識〟に入っていくような企画でなければいけない。

「パンなら、どんな販促を行ったらお客さまは喜ぶ？」とか、「ミンチなら、どれくらい安かったらお客さまは喜ぶ？」というように、「お客さまの立場」で企画を考える。

反対に、一番悪いのは、「原価がいくらだから、これくらいにしよう」とか、「荒利益

率が低下するからこれくらいにしよう」などという考え方で企画を考えるパターン。

これは、１００%お客さまから支持されません。

「でも、それでは損するではないか！」と思われるかもしれませんが、ここからがバイヤーの腕の見せ所。

「お客さまの立場」で考えた企画は、かなりの確率で「ヒット販促」になるわけですから、あとは、「原価を割り込まない」こと。

10%でも、15%でも荒利益率（値入率）が獲得できるように、メーカーや問屋さんと仕入れ交渉するのです。

そのときの「肝」は、「最終目標は、○カ月後にこれくらいの売上げを達成するから協力してくれ」。すなわち、「売上目標」を明確にする、「アファメーション」（積極宣言）することなのです。

「パンの全品3割引き」「あー、儲からない」!?

アファメーションすることにより、バイヤーの意気込みがお取引先に伝わるのです。

そして、何より、バイヤー自身、この「アファメーション」を行うことにより、担当者への「ニューへの挑戦」宣言につながるのです。

「お客さまの立場」で考えた企画で、「荒利益高」が獲得できたならば、次は「売上目標」を設定しなければなりません。

そのときの「基準」は、「企画しないときの荒利益高をクリアするには、どれくらいの売上高が必要か?」から算出することなのです。

これが2つ目の〝肝〟です。

最低でも、販促しないときの「荒利益高」をクリアできれば、売上高は飛躍的に増えるわけですし、それによって店全体の客数が増えてくるわけですから言うことなし。

しかし、この「目標売上高」を算出しない「定例販促企画」がほとんど、というのが、今の多くのスーパーマーケットの現実なのです。

だから、定例販促企画をすればするほど、「荒利益高」を落とすという最悪の状態になり、「こんな儲からない定例販促なんてやめちまえ!」、となるわけです。

ポイントは、荒利益高を絶対に落とさない「目標売上高」の算出をしているかどうか。

この「紙一重」の違いが大きな違いになるのです。

そして、次に目標売上高を実現するため、「販売方法の進化」を図ります。

そもそも、荒利益率（値入率）が半分になれば、売上高が2倍にならないと荒利益高は確保できない。

当然、日ごろと同じような販売方法では絶対に2倍の売上げはつくれない。

ですから、今までとは違った販売方法にチャレンジしなければ、「目標売上高」が「絵に描いたもち」になってしまうのです。

「でも、そんな販売方法なんて思いつかないよー」という不満がありますよね。

では、定例販促の成功事例でその不満を解消しましょう。

「パン3割引きで客数2割以上アップした事例」、です。

「パンの全品3割引き」と聞いただけで、「あー、儲からない」とあきらめる企業（店舗）がほとんどでしょう。しかし、考えてみてください。

パン全品割引で最低でも1けたの荒利益率（値入率）が取れれば、荒利益高は取れるのです。

あとは、どれだけ売るかです。「どんたくアスティー」店（石川県七尾市）でも、女性バイヤー山澤睦子さんは最初、疑心暗鬼でした。

「パンの全品割引なんてしたら、絶対に荒利益が落ちるわよ」

「パンの全品割引ぐらいで集客できるわけないじゃない。原価切った商品でさえ集客できないのに」

パンがパン売場以外でも展開され店内「パンだらけ」

しかし、店舗運営部長や店長は、どうしても集客する武器が欲しかったのです。

そこで、「土曜日パン全品3割引きをやるぞー」と女性バイヤーを説得したんです。

「目標売上高」を設定する。3割引きを実施しないときに取れる荒利益高を獲得するには、なんと「前年比１８０％」をクリアしなければいけない。

売上高60万円以上をたたき出さなければいけない。

その売上高を聞いた瞬間、担当者は「そんなに売れるわけないよー」。

しかし、説得した手前、店舗運営部長や店長は成功させなければならない。

そこで、成功している企業の店舗視察をしたのです。

「パン３割引きで１日１００万円売る店」「パン３割引きで１日80万円売る店」をモ

デリングした。その売場写真を参考につくった売場が写真⑨。

何と、21回目で、担当者が「そんなに売れるわけないよー」という売上高目標を達成してしまったのです。

これには担当者もビックリ。でも、バイヤーは荒利益高責任があるから、実施しないときよりも荒利益高を上回りたい。

だから、もっともっと積極的になる。だから、どんどんパンがパン売場以外の場所で展開される。もう、店内が「パンだらけ」。

「パン全品3割引き」の〝魅力の見える化〟が実現された結果、どんどんお客さまの口コミが広がり、客数が「うなぎ昇り」で増えてきた。

原価を切らない商品で、集客できることを実証して見せたのです。

販促商品であるパンの荒利益高を確保しながら売上高はものすごい数字をたたき出す。

そして、ダイナミックな売場展開が集客につながるという、〝成功のスパイラル（竜巻）現象〟が起きたのです。

ここでの〝肝〟は、「ダイナミックな売場展開」と「見える化」です。

定例販促は、毎週同じことを繰り返すのですから、「サプライズ」がないとお客さま

写真⑨　“長尺POP”や“3割引き後の売価”の見える化POPなどで「安さの見える化」をした。

写真⑩　いわゆる「新幹線陳列」。意外性と見える化でお客さまの視認率を上げた売場。

も販売する側も「マンネリ化」して、「飽きる」ようになる。

ですから、マンネリ化防止のためにも、そして競合店との圧倒的な違いを〝見える化〟するためにもダイナミックな売場展開が必要なのです。

写真⑩は、ダイナミックな売場展開をしている事例の写真です。

これくらいダイナミックに展開すると、競合店はまねしてきません。

だって、ロスが怖いですし、「荒利益高発想」で展開しているとは知らないですから。

だから、定例販促自体の企画は、まねることはできても、売場展開はまねすることはできないのです。

よって、競合店との「違い」が〝見える化〟できるから、ますます「荒利益高発想」の定例販促はお客さまから支持され、荒利益高を十分に確保でき売上高も増えてくる。

「定例販促を行う」、というレベルではダメなのです。

「定例販促は荒利益高を確保するために、圧倒的な売場展開を行い、お客さまに見える化していかねばならない」、というレベルで行わないと…。

これが「違い」なのです。

それを実現した企業（店）のみが、「儲ける」ことができるのです。

第5章

ブルーオーシャンの「現場教育」

——部門パートさんからレジチェッカーさんまで戦力化する方法

「ほめることは大切です。
だが、もっと大切なことは、ほめることが出てくるように
ほめる種を播いていくことです」
（元中学校教諭・国語教育の実践者　大村はま）

なぜ、パート社員教育をしないのか？

小生は、職業柄、いろんなスーパーマーケットの経営者のお話をよく聞きますし、雑誌等でのインタビューのコメントを読む機会も多い。で、そのお話を聞いたり読んだりしながら疑問に思うことがあります。

それは、「なぜ、パート社員比率80％を目指しているのに、パート社員教育をしないの？」ということです。

「マニュアル」や「仕組み」をつくり、それにはめ込んで作業をしてもらえれば、社員よりもコストの低いパート社員でも店舗運営できるという発想なんでしょうか。でも、こんな発想でこれからの厳しい時代に対応できる「店舗運営」ができるのでしょうか。

もちろん、厳しい時代に突入するからこそ、「ローコストオペレーション」を実現するという発想は当然だと思います。

特に、コストの半分近くを占める「人件費」を削減するというのは経営者としては当たり前のことです。

しかし、それならば、もっとこの「パート社員」の方々に〝教育投資〟していくべきではないかと小生は思うのです。

パート社員の方々を「人材」として考えないで、「人財」として考える必要性があるのではないかということです。

経営者の方は、「数多いパート社員や一般社員の教育はコストがかかる」「教育してもすぐに辞められてしまう」、と思っておられますよね。

そこで、この章では、今までなかなか「現実化」できなかった〝現場教育〟をいかに低コストで、そして、効率よくできるかを提案します。

さらに「パート社員」や「レジチェッカー」といった、女性の教育並びに活用がどれだけ企業にとって、そして店にとってすごい「戦力」になるかの成功事例も紹介させてもらいます。

小生は思います。

これからは間違いなく「現場力」が企業の業績を左右すると言っても過言ではないと…。

なぜなら…、

①本部のバイヤーは「荒利益率（値入率）」の獲得はできるが、「荒利益高」の獲得は〝現場担当者〟次第である（第3章参照）。

②「店舗間格差」がますます広がる中、本部の「一括管理」では限界がある。

③競合激化の中、店舗で働く社員の〝人間力〟〝現場力〟を最大限に引き出すことが、これからの競合店対策の一番の〝肝〟になる。

④パート社員の中には、〝優秀な人材〟が多い。

⑤「原石をダイヤモンド」にするには教育しかなく、かつ、そういう教育や情報に飢えているパート社員が多い。

⑥「知っている」と、「それを教えることができる」は全く次元が違う。どんなに、店長やバイヤー教育しても、教育できない人たちが多いのが現実。

といった理由からです。

「パート社員80％」を目指しながら、「店舗力をアップ」したいと思いませんか？

「パート社員比率80％」を目指して、「店舗力はダウンしてもよい」なんて、考えている経営者や人事担当者の方は誰一人としておられないと思うのです。

それならば、「方法」を考えればいい。

「現場教育」こそが実は「ローコストオペレーション」の原点なのです。

「現場教育」を徹底することにより、パートタイマー・アルバイト、そして一般社員のスキルアップ、モチベーションアップにつながる。

これが実は、「ローコストオペレーション」を実現する〝肝〟なのです。

もちろん、「システム化」「マニュアル化」も必要です。

しかし、このシステムやマニュアルを実際に使うのは〝人間〟なのです。

その「人間力」を高めていかないと「システム化」や「マニュアル化」も〝絵に描いたもち〟になってしまいます。

だから、「ローコストオペレーション」の原点は、〝現場教育〟なのです。

そして、そのことが〝儲かる会社〟〝儲けられる会社〟への近道だということなのです。

成功事例を共有化することで会社の「基準」が上がる

現場教育で一番効率がよく、一番効果の出やすい方法に「情報の共有化」があります。

店や売場で実施した事項で、〝圧倒的な成果〟が出た成功事例を全店・全社員が共有する仕組みをつくり上げることです。

そして、その「成功事例」をたくさん提出した担当者、圧倒的な成果を出した担当者を適正に評価してあげることです。

これを「情報の共有化」といいます。

今は「メール」という優れモノがあります。

「デジカメ」という優れモノもあります。

こういう機器を活用すれば、すぐに全店・全社員が共有化できるのです。

ちなみに、「通達」や「社長メッセージ」などを、「メール」で送付している企業、多いですよね。

でも、これってあまり見ないのです。だって、見ても「楽しくない」から。

「通達」のメールは、必ず「あれはダメ」「これは禁止です」というようなものばかり。

失礼ながら、「社長メッセージ」も店長以上の管理職しか見ません。

しかし、「成功事例」は見ます。

売場担当者は常に「商品の売れ行き動向」や「ロス対策」に頭を悩ませているからです。

そして、もう一つは、〝あの店のあの担当者には負けたくない〟というライバル心。

同じ立場の人間が、自分より〝圧倒的な成果〟を出しているということ。

これはみんなが知りたがりますし、それが「全店から評価」されるとなると、なおさら〝ギラギラ〟と燃えますよね。

だから、成功事例を共有化することにより会社や店の「基準」が上がっていくのです（図表㉗は「情報の共有化」の事例）。

インターネットは、全国津々浦々まで浸透してきています。

そして、「ブロードバンド」を中心に高速回線が普及し始めてインターネットで「映像」を配信できるようになりました。

この「映像配信」という機能を活用しない手はない。

「鮮魚のおろし方」「刺身の切り方」「お肉のスライス方法」「デリカの揚げ方」など、スーパーマーケットには、「技術・スキル」が要求される部門がたくさんあります。

それを今までは「マニュアル書」という紙ベースで全員に「情報の共有化」をしてい

ました。

しかし、時代は進み、映像で簡単に〝情報の共有化〟ができるようになったのです。

「インターネット」と「映像配信」の融合を最大限生かせば、ものすごい「ローコスト」で、なおかつ「ハイリターン」の効果が生みだされるのです。

特に10店舗以上、または広域出店されている企業ほど、この効果は絶大です。

店に居ながら、または、休日に家でも気軽にいつでも視聴することができる。

これって、すごく〝現場教育〟に効果があると思いませんか?

インターネットTVを活用した社員教育の成功事例

福島県相馬市に本店のある「株式会社キクチ」は、2008年から流通業専門インターネットTV「商人（あきんど）ねっと」(http://www.akindonet.com/)を活用して、全社員への教育を徹底させせました。

最初は、インターネット自体を使ったことのない社員も多く、視聴する人間が限定され、あまり効果は出ませんでした。

3.平台A・B写真

平台A

［ポイント］
通常100g198円販売のカツオタタキブロックを100g128円で販売するために、1本物での販売を強化。単価アップのためとは思いますが、実際にお客さまが1本分必要なのかも考えた展開をすれば販売数量アップするのではと思う。

平台B

［ポイント］
ミールプラス商品の「炭焼きカツオタタキ」を通常8尺以下で販売していますが16尺の展開は非常に良い取り組みです。POPも10枚以上付き、売り込む姿勢が見えますが有人試食等、試食がないのが残念です。

4.販売実績について

①売上げの反省

カツオ90kg仕入れて、54kg販売しました。ブロックは1本、1/2、1/3を展開し、スライスは1人前、2人前、3人前、カルパッチョを売り込み、カツオの寿司も展開しました。

②次回売上げアップ策

カツオは3月のPI値商品でもあり、思い切った展開を行ったと思う。次回は有人試食などを積極的に行い、売り切ることを意識して取り組んでいく。その他の商品についても「異常値」へ挑戦していく。

図表㉗　「情報の共有化」シートの例

カツオタタキの単品量販モデル

実施日：3月21日(土)

1.平台展開図

<table>
<tr><td rowspan="2">平
台
B</td><td rowspan="2">カツオタタキブロック
1本物ブロック
5ケース分</td><td rowspan="2">カツオタタキ
ブロック
1/2・1/3身
6フェース分</td><td>カツオタタキ　カルパッチョ
2フェース
カツオタタキ　寿司
2フェース</td></tr>
<tr><td>カツオタタキスライス
1人前・・・4フェース
2人前・・・2フェース
3人前・・・1フェース</td></tr>
</table>

→ 客動線　　　＊16尺の展開

2.販売計画・実績表

（単位：円、個）

品名	売価	原価	値入率	計画数	計画高	販売実績	消化率
カツオタタキブロック	128	105	18.0%	80	10,240	67	83.8%
カツオタタキスライス1人前	280	165	41.1%	75	21,000	74	98.7%
カツオタタキスライス2人前	560	330	41.1%	20	11,200	13	65.0%
カツオタタキスライス3人前	840	495	41.1%	10	8,400	5	50.0%
カツオタタキカルパッチョ	398	250	37.2%	10	3,980	7	70.0%
カツオタタキ寿司	398	240	39.7%	5	1,990	5	100.0%
			0.0%		0		0.0%
合　計			36.6%	200	56,810	171	85.5%

しかし、視聴した人間が、その番組通りに実施すると、「メキメキ」業績が上がっていくのを他の社員が目の当たりにすることにより、どんどん視聴する人間が増え、店の業績が上がってきたのです。その一番の効果は…、

①店長以下、みんなが番組を視聴することにより、「基準」や「方向性」が同じになった

②バイヤーとチーフが一緒に番組を視聴することにより、「考え方」が同じになった

③「繁盛店」番組などがあり、一部の人間だけでなく、全社員が繁盛店視察したのと同じ状況になり、モデリングのスピードが上がった

④映像なので、パート社員や若手社員もすぐに慣れ親しむことができた

⑤技術系も映像なので、すごくわかりやすく、技術力が飛躍的にアップした

などがあるそうです。

今までは、どうしても「コスト」の関係上、「バイヤー」⇩「店長」⇩「チーフ」という順番で、研修に参加させていた。

しかし、なかなか研修効果が上がらない。

だからといって、コンサルタントを雇うにもコストがかかり過ぎる。

もっと、「ローコスト」で効果の上がる方法はないかと模索していたところに、この流通業界専門インターネットTV「商人ねっと」に出会ったのです。

菊地盛夫常務は言います。

「従来型のセミナー形式やコンサルティング形式では、社員全員に教育するにはものすごいコストがかかることがわかっていたので、できませんでした。

しかし、この商人（あきんど）ねっとを活用することにより、社員全員が学ぶことができるという機会と環境を与えることができる。

あとは本人の努力次第でどんどんスキルや知識がアップします。

今ではパート社員の方々や教育投資できなかった若手社員が逆に積極的にこの商人（あきんど）ねっとを活用してくれています。

費用対効果という点ではものすごく効果が高い。

これから地域密着のスーパーマーケットが生き残っていくには、〝人〟しかないと思っているのです。

資本もない、組織もしっかりしていない、システム化も到底かなわない。

そんな地域密着のスーパーマーケットが唯一、勝てる可能性が高いのが〝人間力〟だと信じています。

その点から言っても、社員全員が学ぶ機会と環境を得ることができる商人（あきんど）ねっとと出会ったことは当社にとっては大きいです」

「知っていることと教えることは別次元である」とも菊地常務は言います。

バイヤーや店長が社員と一緒になって勉強するから、「目線」が同じになる。

だから、取り組むスピードが早い。

そして、いつでもどこでも好きな時に、好きな場所で視聴できるというインターネットの特性は、多店舗展開している企業にとっては、従来型の「移動時間のロス」「研修時間のロス」を考えると、見えないロスを大幅削減できるというメリットもあったのです。

また、菊地逸夫社長はこんなことも言っています。

「商人（あきんど）ねっとを活用することにより、やっと〝儲けろ〟と社員に堂々と言えるようになった。

今までは社員に〝儲けろ〟と言うことはタブーだとどこかで思っていたし、社員に対してもマイナスに働くと思っていた。

しかし、〝儲けることが社員の幸せになる〟ということをみんなで学ぶことができ、今では〝儲けろ〟を堂々と言えるようになった。

するると、本当に儲かるようになる。不思議なものです」

社員全員の知識レベルが向上し、意識化していくと、目に見えて結果が変わってくる。

その社員全員の学べる環境として、インターネットやブロードバンドが存在する。

決して、インターネットは「遊び」の道具ではないのです。

Ｗｅｂ会議で社員の情報共有化の成功事例

山梨県中央市に本店のある「いちやまマート」は、２００８年よりインターネットを活用した「Ｗｅｂ会議」を導入しました。

今までは、本部に各店から集まってもらい、会議やセミナーを開催していたが、どうしても「移動時間ロス」が発生するという悩みがありました。

本部から一番遠い店舗だと片道1時間以上かかってしまう。

そこで、インターネットを活用して、「Ｗｅｂ会議」にすることにより「移動時間ロス」

をなくすとともに、「会社の考え方」や「教育」をできるだけ多くの社員に知ってもらえる機会をつくれるということで導入したわけです。

効果は絶大でした。

今まで、店長や部門主任から〝また聞き〟で聞いていた「会社の考え方」などを直接聞くことができるようになる。

そして、疑問に思うことなどは直接質問できる。

従来型だと部門主任しか参加できなかった「部門会議」も、主任以外も参加できるようになり、バイヤーの考えや方針の伝わり方が飛躍的にスピードアップ。

また、店長と経営陣とのコミュニケーションも今までと比べものにならないぐらい密度が高くなり、経営陣の考え方もスピードよく正確に伝わるようになった。

これもインターネットを有効に活用したメリットです。

三科雅嗣社長は言います。

「これからは、現場力と社員一人一人のやる気が企業に収益をもたらし、売上げの向上にもつながる。

ひいては社員一人一人の生活の向上、幸せの向上にもつながる。

そういう意味からも、できるだけ多くの社員さん、特にメイト社員（パート社員）の方々にも会社の考え方やバイヤーの考え方を直接伝えることが大切であると思い、Ｗｅｂを活用することを決断したんです。

また、自社のプライベートブランドである〝美味安心〟の販売成功事例などを全店舗に迅速に広めるためにも、このＷｅｂ活用は必要不可欠だった」

このように、「いちやまマート」では、Ｗｅｂのメリットを最大限に活用して、いろんな情報提供や教育のツールとして今後も〝面展開〟していこうとしています。

従来型の集合会議や集団教育体制の企業とは、この段階で「スピード」に大きな差が生じてくるのです。

「スピード」が企業の成長性を決める時代に、高度成長期と同じ手法で情報の提供や教育展開していては、生き残っていけないのです。

これからは、「人間」が動くのではなく、「情報」が動くのです。

これからは、「一部」の人間の教育ではなく、「全体（全社員）」の教育を図る企業が〝企業力〟〝現場力〟を飛躍的に身に付けることができるのです。

「全社員教育」という、ひと昔前では考えられなかったことが、今の時代では整備されてきているのです。

レジチェッカーが考えた「コト放送」

「レジチェッカーは、精算を間違いなく行い、笑顔で接客すればよい」、という〝古い〟考えを持っておられませんか？

もちろん、セルフサービス形式での「お客さまとの直接的な接点」は最後の精算時しかないので、「接客」というのはものすごく大切です。

しかし、レジチェッカーはそれだけの仕事でよいのでしょうか？

現場教育に力を入れている企業は、レジチェッカーのモチベーションを上げる「現場教育」を行うとものすごい「戦力」になることを知っています。

現場教育の最大のメリットは、「戦力外」と思われていた方々が、実は「大きな戦力」になり得るということなのです。

そりゃそうです。今まではレジチェッカーさんの教育といったら「接客教育オンリー」。本部に集まって、もしくはレジトレーナーの巡回によって、接客教育するというのが当たり前だったわけです。

しかし、現場教育に力を入れている企業は、全社員が「会社の方針」や「バイヤーの考え方」「店長の考え方」などを「情報の共有化」して、知り得るわけです。

今まで、知り得なかった情報がどんどん入ってくる。だから、レジチェッカーも「知る」ことにより、「協力しよう」という気持ちが芽生えてくる。

ここで、従来型の「接客教育」が威力を発揮するのです。

レジチェッカーさんは「接客教育」の一環として、「助け合う」「協力する」というマインド教育をされている。

だから、他部門に対して、すごく「友好的」に支援してくれる。これが大きい。

例えば、兵庫県太子町に本部のある「ヤマダストアー」。

コト販売を積極的に行っている企業なのですが、このコト販売、実はレジチェッカーの活躍によって進化していったものなのです。

レジトレーナーである中川真理子さんを中心に、各店のレジチェッカーが、店長や各部門主任に「この商品を売り込みたいんだけど何かコトとか考えてくれない？」と相談する。

すると、店長や各部門主任は彼女たちの質問に対し、どんどん〝情報〟を提供してくれる。そして、その〝情報〟に、レジチェッカーが「コトＰＯＰ」や「コトパネル」「コト商品」などを作り上げるのです。

それに加えて、なんと「コト放送」まで行う。この「コト放送」もレジチェッカーが考えたアイデアで、なんとこのヤマダストアーには「放送部」なるものまである。放送部の部長がいて、各店のレジチェッカーに、この「コト放送」の方法を教育するという。

今までの店内放送といったら、「お買い得商品の案内」がほとんど。しかし、ヤマダストアーは違う。ほとんどが、「商品の紹介」の店内放送。

「こんなにおいしい商品が入荷しました」「青果チーフがおすすめの商品はこんな商品なんです」など、ひっきりなしに店内に「商品紹介」の放送が流れる。

それも、「ユーモアたっぷり」に…。

だから、お客さまは買物しながら、その放送を耳にし、興味のある放送に対しては、「さっき案内していた商品はどれ？」と聞きに来るという。

さらに、この「コト放送」、またまた進化して、今では「コトＤＶＤ」なるものまである。

家庭用ビデオカメラで、休憩室での「試食シーン」やバックヤードでの作業風景をＤＶＤ化し、商品の場所で放映するという〝離れ業〟までやってのける。

これもすべて、レジチェッカーからのアイデアなのです。

優秀な店長の陰に優秀なレジチェッカーチーフあり

なぜ、ここまでレジチェッカーが他部門に協力するのか？

それは、「店舗主導型」のスタイルをとっているためです。

店長以下、各部門主任の「これやりたい！」ということを本部バイヤーができるだけ実施できるよう、商品手配や企画をするというサポート態勢が築かれている。

だから、みんなが明るく、積極的に行動し、結果、レジチェッカーもその〝波に乗ってしまった〟のです。

ヤマダストアーは経営者からバイヤー、店長、各部門主任、できればパート社員まで出席させての「全社員参加教育」を徹底している。

参加できない人には、インターネットを活用しての教育も促す。

さらに、「成功事例」の共有化として「成功事例のメールボックス」まであり、いつでも誰でも見ることができるようになっている。

こうした現場教育を強化することにより、〝戦力外〟と思われていた人たちが〝スーパー戦力〟になるという「副産物」が生まれたのです。

「接客だけ」していればよいと思われているレジチェッカーの企業と、他部門の応援や支援を積極的に実施しようとするレジチェッカーがおられる企業。

どちらが「店に活気」があって、どちらが「生産性が高い」ですか？

現場教育の徹底は、こういうことからも「企業間格差」が生まれてくるのです。

「優秀な店長の陰に、優秀な女（レジチェッカーチーフ）あり」です。

現場教育をすると、その部門のパート社員さんの戦力化だけでなく、レジチェッカーまでも戦力化することができるのです。

そもそも女性は男性と違い、「自己向上心」が非常に高い。その証拠に、「スポーツクラブ」や「英会話教室」などは女性ばかり。

ですから、女性の方々に「機会」と「環境」と「目標」を与え、「適正評価」するという体制を整えると、〝スーパーウーマン〟が出現してきます。

現段階でも、正社員よりも、男性社員よりも業績を上げる女性社員、パートさんって、たくさんおられますよね。

ということは、もっと「現場教育」できる環境を整えていき、教育する機会を与えていけばさらに、〝戦力化〟になるということなのです。

「パート社員比率80％」を目標にされるということは、生産性アップのためには大切な目標設定だと思います。

しかし、その80％の方々に学べる「環境」や「機会」を与えてあげないと、生産性がアップするどころか、店舗の衰退化を招き、売上げおよび生産性の大幅ダウンになる危険性をはらんでいるのです。

幸いなことに、インターネットなど「学べる環境」が整備されつつあります。

こういうツールをうまく活用していけば、必ずパート社員を教育する「機会と環境」をつくれるはずです。

ものすごい勢いで変化する「スピードの時代」です。このスピードについていくには、「一部の人間の教育」だけでは、到底間に合いません。

全社員の教育に力を入れ、改善・改革・進化のスピードを上げていかないと追いつい
ていけないのです。

資本力も大切かもしれません。システム化も大切かもしれません。

しかし、スーパーマーケットは「人がすべて」の業態です。

「人間力」や「現場力」の強化こそがこれからの生き残りの肝であると信じてやみません。

早急に、その対策を立てていかなければならないのではないでしょうか?

次ページからのコラムは、各地の〝スーパーウーマン〟の事例です。

すべて、「現場教育」したことから生まれた〝スーパーウーマン〟の方々です。

皆さんのお店にも、こんな素敵な女性がおられるはずです。

「可能性の芽」を摘んでいませんか?

ぜひ、このような「ダイヤモンドの原石」のような女性を発掘してみてください。

きっとお店が劇的に変わりますよ。

スーパーウーマン●その1
株式会社サンシャイン高知　久保美喜さん

ボジョレーヌーボーの予約を1人で443本取った等身大パネルのご本人

人口2万7000人の高知県いの町にある「サンシャインラヴィーナ」店。

そこで働く久保美喜さん（1957年生まれ）。お酒の担当（現在は和日配の担当）。

この女性の「やる気」は尋常でない。

写真⑪⑫は、彼女のつくっている「コト販売」の数々。

その中でも驚きは「等身大の久保さん本人」のパネル（写真⑬）。

自分に代わって、この等身大のパネルがすべてのお客さまに商品のアピールやイベント（ボジョレーヌーボーなど）のことを告知している。

なぜ、ここまでできるのか？

写真⑪
「ランキング」POPや「実食メッセージ」POP、そして「思い」POPなどを駆使した素晴らしい売場。もちろん、久保さんの作品。

写真⑫「予約状況」の見える化POP。「こんなに数があるんですよー」ということを見える化して購入意欲を喚起する。すごいPOPである。

それは、周りの応援と本人の「やる気」によって実現しているのです。

とにかく、この店は店長がすごい。

吉本眞司店長。彼はとにかく働いている社員を「のせる」のがうまい。

とにかく「やってみようや～」と働き掛ける。

みんなに、どんどん「やりたいことをさせてくれる」。

だから、「やる気」のある人間はどんどん個性を発揮する。

それが店全体の活性化につながっているのです。

とにかく、この「サンシャインラヴィーナ」店は、久保さんだけでなく、〝元気印〟

写真⑬
等身大のPOPを活用し、お客さまの視認率を上げるようにした。こんなPOPがいたるところにある。すべて久保さんのアイデア。

の社員がたくさん存在する。

だから「コトＰＯＰ・コトパネル」だらけ。

もう「遊園地」状態。

だから、とても楽しい店。その中でも、久保さんが担当しているお酒売場は特に楽しい。

お酒に興味のない方もついつい立ち止まってみたくなるような「コトＰＯＰ」や「コトパネル」がいたるところにある。

その「元気印」の久保さんには、あるエピソードがあります。

それは「ボジョレーヌーボー」解禁日の出来事。

２００７年、高知のど田舎で、そして日本酒の消費量が全国トップクラスの県で、なんとボジョレーヌーボーを１人で４４３本の予約を取ったのです。

たった人口２万７０００人の町でですよ。

そして、２００８年、「昨年の実績を上回らなければ解禁日当日、午前０時に店頭販売します」と高らかに社員全員に宣言。

よほど自信があったのでしょう。見事４９２本の予約をゲットしました。

しかし、ここからが久保さんの本領発揮。

「店長、ボジョレーヌーボーの解禁日の午前0時に売ってみましょうか。お店の前で試しに…」

これには吉本店長もビックリ!!

「本当に…？」

「はい。私の自慢のおでんを振る舞ってワインを売りたいんです」

もう、こうなったら乗りの良い軍団（店舗）です。

店長、副店長、生鮮部長まで巻き込んで、準備がスタートしました。

前日、久保さんは「おでん」の仕込み。約100人分のおでんを仕込む。

そして、自らラジオ局へ電話して、「ボ

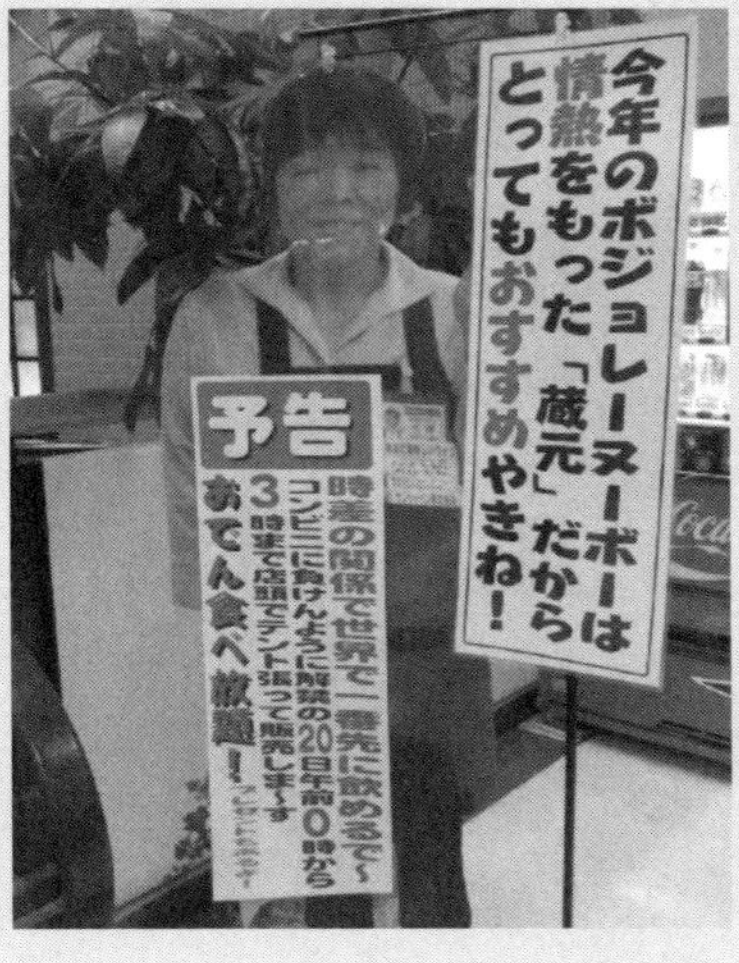

写真⑭
店内入口で等身大のPOPでイベントを告知する。なんと、午前0時の真夜中にもかかわらず、21本もボジョレーヌーボーが売れた。

ジョレーヌーボー解禁日の午前0時に店頭販売しますから取材に来てください」と堂々とPR。

そうしたら、どうでしょう。

前日の夕方、ラジオ局が取材に来て、生放送でインタビューを流してくれたのです。

もう、こうなったら勢いが増します。閉店後、「おでん屋」のような屋台が店舗に出現。

午前0時ピッタリにスタート。

すると、どうでしょう。

本当にお客さまがいらしてくれたのです。

なんと21本も販売しちゃいました。

「お客さまに喜んでもらえること。それが私の生きがいです」(久保さん)

これくらい「仕事を楽しんでいる」女性がいるのです。

なんて素晴しい女性でしょう。

なんて素晴しい店でしょう。

こんな店が全国いたるところで出現することを期待します。

スーパーウーマン●その2
株式会社ヒラキストア　大坪店洋日配部チーフ　金森美世さん

絵手紙で「2007年度日本食育コミュニケーション協会優秀賞」受賞の主人公

富山県高岡市に本部のある「株式会社ヒラキストア」。

そこにとんでもない「やる気と元気」そして「感性豊かな女性」がいます。

その女性は、金森美世さん（1956年生まれ）。

この「ヒラキストア大坪店」は、2005年より「大坪店きらりプロジェクト」という行動を行っています。

この「きらりプロジェクト」とは…。

「自分たちも買いたい売場にし、お客さまが店に入られた瞬間〝何かが違う〟と感じてもらえるレベルになることを目的とし、競争が激しい中、私たちの手で昨年対比10

5%を達成することを目標とする」というものです。

そして、その行動内容は…。

大坪店で働く女性9人で「月1度90分間の討論会」で店の問題点を徹底的にあぶり出し、その問題点の改善策を店長へ提案するというもの。

最初は、開社長から提案があったとき、「本当に言っちゃってもいいの?」と半信半疑な状態だったという。

しかし、活動がスタートすると、そこは「お店を愛する女性たち」。

店長やチーフなど、男性陣がタジタジになるような意見が続出。

そして、意見だけでなく、金森さんを中心に自ら女性陣が団結し動き出したのです。

お客さまの率直な意見を聞きたいという願いから「店長への提案箱」の設置、そして女性陣だけでの「鮮度パトロール」、さらに女性陣が中心となった「あいさつ運動」と次から次へと活動が活発化。

そして、その「月1度90分間の討論会」で一番多くの意見が出ていたのが、「売場に元気がない」「売りたい商品がわかりにくい」というものでした。

そこで、リーダーの金森さんはある作戦を決行したのです。

「よ〜し！　私が絵手紙のオリジナルPOPを作って売場を元気づけよう！」と…。

実は、彼女は2005年4月、突然、倒れて病院に運ばれました。診断は「脳腫瘍」。緊急手術と3カ月の入院を余儀なくされたのです。

その闘病生活の中で、勇気づけてもらったのが仲間の一人から送られた「絵手紙」だったのです。

1枚の絵に描かれた温かい言葉と絵…。金森さんはこの心遣いにいたく感動し、「頑張って病気を乗り越えてまた仕事に復帰しよう」と誓ったそうです。

その勇気を与えてくれた絵手紙を描いてみたいという一心から、退院後、絵手紙の教室の門をたたいたのです。

そして、その絵手紙で学んだ技能を店の「コトPOP・パネル」に生かしたのです。

写真⑮⑯⑰を見てください。これはすべて金森さんの手描きの作品。

一気に店が元気になりました。コトPOPにより、一気に売りたい商品が「見える化」してきたのです。たった一人の行動で…。

そして、今では「食育活動」のリーダーまで担当している。

月1度の「食育まつり」では、お得意の「コトPOP・パネル」が炸裂。

写真⑮　すべて金森さんの手書きPOP。どこかしら「温かみ」のあるPOPですよね。

写真⑯　金森さんは、自分の担当部門以外でも、このように頼まれたらどんどん手書きPOPを書く。

写真⑰
「お彼岸」のときのおはぎ売場。3倍のフェース、3倍のボリューム、3倍のコトPOPが見事に実現されている。

写真⑱　食育についての「放送パフォーマンス」風景。とにかく金森さんはこの店の“スター”なのです。

そして、自らマイクを持って「コト放送」する（写真⑱）。

そのかいあって、大坪店は「2007年度日本食育コミュニケーション協会優秀賞」を受賞したのです。

洋日配の担当者でありながら、部門の壁を越えてどんどんいろんなことにチャレンジする。なぜ、ここまでできるのか？

それは「感謝」の気持ちなんだそうです。

「大病を患ったときに、周りの人たちに勇気づけられた」「仕事で悩んでいるときに周りの人たちに助けられた」

だから、「感謝」をしながら、今、仕事ができるのだと金森さんは言います。

「苦労があるからこそ変化していける…、考える…、知恵が出る」

こういう前向きな姿勢がこのような〝力〟となっているのです。

そして、それが周りの人たちを動かしたのです。

こんな女性の方々が皆さんのお店にもたくさんおられるはずです。

「ダイヤモンドの原石」を見つけてみてはどうですか？

スーパーウーマン●その3
株式会社いちやまマート　勝俣千恵子さん

「圧倒的な売場の違い」の見える化で4年間で果物の売上げ74％増を実現した張本人

山梨県富士吉田市にある「いちやまマート城山店」の果物チーフは女性パート社員。名前は勝俣千恵子さん（１９５５年生まれ）。

４年間で果物の売上げをなんと１７４％にアップさせてしまったスーパーウーマン。

なぜ、そんなにも売上げを伸ばすことができたのか？

それは、彼女の「情熱」。とにかく彼女は競合他社との「違い」をいかに見える化するかを徹底的に追い求めた。

その結果、今ではお客さまに対して「圧倒的な違い」を見える化。

その「圧倒的な違い」をどのようにして出したのか？　それは…。

写真⑲　一日にものすごい数を販売したリンゴ売場。すごい迫力ですね。

写真⑳ 「超鮮度」を見える化した桃売場。なんと超鮮度を行うことにより、荒利益高を昨年対比300％にアップしてしまったのです。すごい!!

①「単品量販」の基準を徹底的に上げた

勝俣さんは「果物はお客さまに選んでいただく売場より、お店が〝今日はこれがおすすめですよ！〟という売場の方がお客さまに親切である」という信念を持っています。

だから「おすすめの見える化」はとても女性がつくる売場とは思えないほどダイナミックです。

写真⑲⑳は勝俣さんがつくった売場です。どれもすごい売場ですよね。

それに「コトＤＶＤ」や「コトＰＯＰ」なども付けて売るのです。

もうここまでくると競合店は太刀打ちできなくなります。

この方法で「圧倒的な違い」を出したのです。

②平台での「旬の打ち出し」の基準を変える

勝俣さんは「常識」を嫌います。「なぜ、クリスマスにみんなでイチゴを売るのか？」「なぜ、７月にブドウや桃ばかり仕掛けるの？」

そこで、勝俣さんはその「常識」を外したのです。いわゆる「脱常識」&「旬の先駆け」でした。

旬のときに同じように仕掛ければ「価格の安さ」だけの勝負になる。

これではレッドオーシャン状態になり、売上げも荒利益も取れなくなる。

だから、みんながまだ売り込まない「旬の先取り」のときに売り込んだのです。

「競合店では販売していない商品で、なおかつ単価が高い商品なので、売らない手はない！」という考え方からです。

その売場事例が、写真㉑です。この方法で「圧倒的な違い」を出したのです。

③「安さ」に付加価値を付けた

勝俣さんは、このように安さに付加価値を付けて売っているのです。

「やっぱり安くて新鮮な果物がいいですね」という女性の発想から…。

「やっぱり安くて地元の産地の果物がいいですよね」という女性の発想から…。

「やっぱり安くておいしいものがいいですよね」という女性の発想から…。

次々と付加価値の付いた安さを見える化していったのです。

そうしたら、どうでしょう。

その商品の一つ一つが「異常値」をたたき出してきた。

このような「女性の発想」が「圧倒的な違い」をつくり出すことができたのです。

④「松竹梅」戦略の基準を引き上げた

写真㉑　クリスマスにメロンを量販した売場。

写真㉒「お盆」時の手土産フルーツコーナー。コトパネルやコトPOPがいたるところにある。

勝俣さんは「ハレの日」にどうしたら単価アップできるだろうかと考えました。

そこで、考え出したのが「松・竹・梅」戦略。松を「魅せ筋」にして、竹と梅の商品を販売するというテクニック。写真㉒を見てください。

「松（8000円）」の桃を魅せて、3800円の竹の桃を売り込んだのです。これが大成功。単価アップに成功し、売上げの大幅アップにつながったのです。

このような大胆な展開で「圧倒的な違い」を出したのです。

このようにして、4年間で果物の売上げを174％にアップするという驚異的な結果を残すことができたのです。勝俣さんは言います。

「常にニューへの挑戦を続けます。そして、お客さまの〝この前おすすめしてくれた果物おいしかったよ！〟という声を支えに頑張っていきます」

勝俣さんは、スーパーマーケットで働くことに生きがいと誇りを感じてらっしゃるんですね。

こんな〝情熱ある〟パートタイマーがたくさんいたら、ものすごいお店になりますよね。

「夢物語」ではないのですよ…。

もっとパートタイマーさんを認めてあげてはいかがですか？

第6章

ブルーオーシャンの「店長」

――オーケストラの〝名指揮者〟ほど失敗をしからない

「間違えたっていいじゃない。機械じゃないんだから」

（ピアニスト　フジ子・ヘミング）

店の音色は楽器演奏者＝従業員のハーモニー

「店は店長次第」「店長は店主であれ！」、などとよく言われます。

それくらい、現在の〝格差時代〟において店長の「ポジション」は重要視されてきているのです。

そして、これからますます「店長」に対する期待が高まってくることが予想されます。

なぜなら…、

①立地・競合度・店舗面積・店舗の鮮度によってお客さまの店舗の〝使い分け〟がますます激しくなる

②「荒利益高」主義がこれからの小売業経営の主流になる

③「人間力」「現場力」が売上げ・収益を左右しかねない時代になってきている

④「効率＝モチベーション」という考え方が小売業にも浸透してきている

からです。

今後、日本も「高齢者が多い地域」や「ヤングファミリーが多い地域」などというように「地域間格差」がますます出てきます。

それにより、競合状況も変わってくる。ヤングファミリーの多い地域は必然と競合度が強くなり、高齢者が多い地域は競合度が低い、というように。

また、スーパーマーケットも、この形態で運営し始めてから30年以上経ってくると、売場面積や店舗鮮度（老朽化店舗と最新店舗）などの「店舗間格差」が出てくる。

だから、今後、「本部統一」「マニュアル」「平準化」だけでは解決できない問題が山積してくる。

そこで、店長への期待がますます高まってくるのです。

でも、店長も「人間」です。スーパーマンではありません。一人でできる範囲って、決まってきます。

だから、店長は「段取り屋」といわれているのです。

しかし、「段取り屋」という言葉、かっこ悪い。どんなポジションか想像しにくい。

だから、小生は店長への「尊敬の念」を持って、こう表現しています。

「店長はオーケストラの指揮者たれ！」と。

やはり、店長は店の「花形」なのです。「顔」なのです。

店は「オーケストラ」にそっくりで、みんなが全く違う音の〝楽器〟を持っています。

しかし、その全く違う楽器の音が「指揮者」の〝指揮棒〟で演奏されることにより、「調和（ハーモニー）」がとれ、素晴らしい音色となるのです。

どんなに優れた楽器演奏者がいても、各自が勝手に自分のリズムで演奏したら、〝音楽〟になりません。それは〝音〟でしかない。

聴いている人が〝楽しく〟なるような音にはならないのです。

どんなに優秀な技術を持っている担当者がいても、どんなにコトを考えられる優秀なアイデアのある担当者がいても、どんなに自己向上心の高い担当者がいても、その人たちが「調和（ハーモニー）」しなければ〝実績〟という結果（音色・音楽）が出ない。

だから、「名指揮者」が必要なのです。

店長は、常に各担当者が見渡せる、「ちょっと高い」位置にいる。

そして、常に、各担当者の能力を１００％引き出せるような「戦力・戦術」を考えている。

「指揮者なりの曲のイメージ」を持っていて、それを各担当者に伝え、納得させている。

だから、いざ演奏（店舗運営）が始まると、一斉に自分たちの役割をその〝指揮者のイメージ〟のもとで発揮してくる。

「名指揮者」ほど、〝実績〟という音色が素晴らしくなるのです。

名指揮者は担当者の目を本部ではなくお客さまに向ける

では、小沢征爾のような〝オーケストラの指揮者〟になるにはどうしたらよいか？

〝名指揮者〟には共通性があります。

それは、「名指揮者は〝目〟が違う」ということです。

名指揮者と、そうでない指揮者の違いは、担当者の目を「お客さま」に向かせているか、「本部」に向かせているのか、です。

もちろん、名指揮者は、担当者の目を「お客さま」に向かせています。

「そんなの当たり前じゃん！」と思われているかもしれませんが、本当に各担当者の〝目〟は「お客さま」に向いていますか？

冷静に観察してみてください。意外とお客さまに向いていないのです。

やはり「本部」に向いているのです。ほとんどが…。

だから、〝名指揮者〟といわれる店長は、まず各担当者の〝目〟を変えるのです。

「本部の販売計画を〝参考〟にして、お客さまの立場で計画しなさい」と言い続けて、お客さまの立場での〝目線〟を習慣化させます。

しかし、ほとんどの担当者は、「本部の販売計画を〝基〟にして計画する」のです。

なぜか？　売上げや結果が悪かったら、すぐにこう言われるからです。

「おれの指示通り販売計画したのかよ！」と…。

だから、どんどん〝余計な（!?）〟ことをしなくなる。

ただし、「本部のバイヤーの計画を無視して勝手に計画しなさい」ということを奨励しているわけではありません。

あくまでも「基準」は、バイヤーの販売計画。これは絶対に遵守しなければいけません。

ポイントは、本部の販売計画を〝参考〟にして、自店のお客さまの立場で計画にちょっとした〝色付け〟をしなさいということなのです。

これを小生は「〝考える力〟を付けなさい」と表現しています。

そして、もしできるのであれば、本部のバイヤーは「店舗のサポーター」という考え方になってほしいと願っています。

今、伸びている企業、儲かっている企業の〝運営面の共通項〟がこの考え方なのです。

実は、これってすごい〝肝〟なんです。

高収益企業（例えばヤオコーさんなど）や伸びている企業（例えばサンシャインチェーンさん）の運営面の共通項は、「本部バイヤーは〝店舗のサポーター〟である」という考え方を持っていることです。

そして、収益が停滞している企業、競合に弱い企業の運営面での共通項が「本部バイヤーが〝圧力集団〟になっている」という現実があります。

つまり、「業績が良かったら自分の手柄。悪かったら自分の計画通り行わない担当者のせい」にする本部バイヤーが多いということです。

担当者の〝目〟を「本部の販売計画書絶対遵守」から「本部の販売計画を参考に〝お客さまの立場〟から自分で考える」という方向に変更してみてください。

そのためには、「本部バイヤーは店舗の〝サポーター〟である」ということを会社全体で意識統一してあげる、ということが必要なのです。

そして、「万が一、失敗しても責任はおれが持つから、思いっきりやれ！」という、店長の〝リーダーシップ〟の一言も必要だということです。

やる気のある担当者は、本当は「お客さまの立場」で計画に色付けしたいのです。

でも、立場上、できないのです。〝後ろ盾〟がいないと…。

店長がその〝後ろ盾〟になってあげるのです。

そうすれば、担当者は、意気に感じて〝絶対に結果を残してみせる〟となります。

これが「名指揮者」の店長の第一の共通項です。

名指揮者は「オープン・クエスチョン」をうまく使う

小生はよく、店を「神輿《みこし》」に例えて説明することがあります。

実は、「神輿」を支えている人には3パターンの人がいます。

「神輿を担いでいる人」「神輿を持っている人」「神輿にぶら下がっている人」です。

この3者の比率によって、神輿（店）の〝勢い〟は全く違ってきますよね。

神輿（店）は〝担いでいる人間〟が多ければ多いほど、〝勢い〟があって〝優雅（繁盛)〟な神輿になる。

〝持っているだけの人間〟や〝ぶら下がっている人間〟が多い神輿(店)は、〝勢い〟がなく、〝弱々しい(閑古鳥)〟なものになる。

それどころか、〝担いでいる人間〟に負荷がかかるので、どんどんそういう人間も〝持っているだけ〟になってしまうか、その神輿(店)から離れてしまう。

ですから、いかにこの「神輿を担いでいく人間」をたくさんつくっているかが、名指揮者店長の共通項の2番目なのです。

では、どうしたら「神輿を担ぐ人間」をたくさん育成できるか?

その方法の一つが、「コミュニケーション」です。

名指揮者的店長はこの「コミュニケーション」能力が非常に優れています。

例えば、コミュニケーションには、「ミーティング」「気配り・気遣い」「あいさつ」「笑いの絶えない雑談」「愚痴聞き」などがあります。

しかし、「名指揮者」と言われる店長の共通項のコミュニケーション手法は、実は右記のものとは全く違う手法で「神輿を担がせる人間」を育成しているのです。

それは、**「質問力」**です。とにかく、売場で担当者に「質問」をよくします。

その「質問」からコミュニケーションを図っているのです。

では、この「質問力」ってなんなのか？

そもそも、質問には2通りあることをご存じですか？

1つは、「クローズド・クエスチョン」。

もう1つが、「オープン・クエスチョン」です。

「クローズド・クエスチョン」とは、「はい、いいえ」でしか答えられない質問のこと。

「オープン・クエスチョン」とは、「はい、いいえ」以外の答えを出さなければならない質問のことを言います。

名指揮者は2つ目の「オープン・クエスチョン」をうまく使います。

いわゆる「クエスチョン・シンキング」させるのです。質問することにより、〝考えさせる〟。

そうです。「考える力」を付けさせるのです。

例えばこういうことです。

これは、ある日配品の女性発注担当者（パート社員）と店長との「クエスチョン・シンキング」シーンです。

「ハハハッ。で、この平ケースの発注金額いくら？」

店　長　「今日のこの平ケースの売上目標はどれくらい？」

担当者　「えーっ？　わかりません」

そして次の日も同じ質問をする。

店　長　「今日この平ケースの売上目標ってどれくらい？」

担当者　「えーっ？　また同じ質問ですか？　わかりません」

店　長　「例えば、売上目標を意識して発注するのと、しないで発注するのってどう違うと思う？」

担当者　「そりゃー。発注を真剣にしますよ」

店　長　「そうだよね。ということは、ちょっとこのケースだけでいいから売上目標を持ったら…」

担当者　「はい。でも、私、半日パートなんで忙しいんです。そんな真剣に発注できません」

店　長　「そうかー。でも売上目標を意識することって時間かかんないよね。ちょっとチーフと話して、目標を意識してみたら…」

担当者　「(渋々) は～い。チーフに相談してみます」

そして、また次の日、

店　長　「今日のこの平ケースの売上目標ってどれくらい?」

担当者　「また今日も来ましたか、その質問。今日は15万円です。もう、これで明日は同じ質問こないですね」

店　長　「ハハハッ。で、この平ケースの今日の発注金額ってどれくらい?」

担当者　「トータルの金額なんてわかりません」

店　長　「そうだよな～。でも、一品一品ならわかるでしょ」

担当者　「はい。わかりますよ。この豆腐は5万円、この納豆は3万円、この3食焼きそばは2万円です」

店　長　「そうかー、でも、これ全部売り切っても15万円いかないんじゃない?」

担当者　「そうですねー。そんな売上目標って考えたことないですもん。だって、そんな指導も受けていませんし…」

店　長　「じゃ〜、今日発注する売上目標を意識して発注してみたら…」
担当者　「は〜い。わかりました。（不機嫌そのもの）」
そして、また次の日。
店　長　「今日の発注金額ってどれくらい？」
担当者　「エエエッ…。売上目標じゃないんですか？」
店　長　「だって、もう売上目標って意識してるでしょ。だから、発注はどれくらいかな〜と思ってね」
担当者　「今日は土曜日で客数が多いので15万円にしました。売上目標20万円ですから…」
店　長　「そうかー、頑張って！　マイクでの売り込み、じゃんじゃんするからね」
担当者　「はい。ぜひ、よろしくお願いします」
そして、次の日。
店　長　「どうだった。昨日の売上目標いった？」
担当者　「エエエエッ…。今日もまた違う質問！　いや、見てません」
店　長　「そうか〜。実はさっき見たんだよ。昨日は19万円だった。惜しかったなー」

担当者　「えっ！　あと1万円だったんですか？　悔しい！　じゃ〜、あとで私、売上げ見てみます」

名指揮者はいい意味で「調子に乗せる」のがうまい

ちょっと長くなりましたが、こんな感じです。

店長って仕事は、「根気」が必要な仕事なのです。本当に「忍耐」の仕事です。

こんな感じの〝地道な努力〟が日々必要なのです。

しかし、このように、「クエスチョン・シンキング」の手法を活用すると、〝神輿を担ぐ〟人間がどんどん増えてくるのです。

「愛情の反対は無関心」（マザー・テレサ）

店長は部下に対し、「愛情」を持って、「君にいつも関心を持っているよ」ということを常に表現していかなければならないと思うのです。

その一つの手法が「クエスチョン・シンキング」ということなのです。

この絶大なる効果を「名指揮者」の店長は知っているのです。

だから、「儲かる」店をつくれるのです。

名指揮者は、担当者を良い意味で「調子に乗せる」のがうまい。

どんどん「仕掛け」させる。

言葉を換えると、部下への「モチベーションアップ」がうまい。

先ほどの「クエスチョン・シンキング」という方法もそうですが、そのほかにもこんな方法をうまく活用しています。

①繁盛店には必ず一緒に行く

絶対に担当者だけで行かせない。

なぜか?

それは、「良い所」を見ないで、「悪い所」ばかり見て帰ってくるためです。

そりゃそうです。自分がつくった売場や商品化は「ベター（ベストとは思わない）」だと思って仕事しているわけですから…。

だから、自分がつくっている売場や商品と違うことをしているとすべて「否定」してしまう。これは人間、誰でも持っている心理。それを知っている「指揮者的店長」は一緒に行くのです。

一緒に行って、繁盛店で「クエスチョン・シンキング」手法を活用する。

「なぜ、こんなに安く売れるのかな？」

「この商品化、すごくきれいだね。どんなにふうにつくっているのかな？」

「こんな商品、うちでも売ったら売れるだろうなー？」

「この売場って、うちの売場とどこが違うと思う？」

と、〝質問攻撃〟する。

すると、担当者は、繁盛店視察でも「考える力」が付いてくるのです。

そして、一言「殺し文句」を付け加える。

「うちでもやってみようか～！」

一緒に行っているわけですから、実施しなければ、実施するまで言われ続けることを知っている部下（担当者）は実施せざるを得ない。

あとは、「結果が変わる」まであきらめさせないように、しつこく「改善・改革・進化」させることです。

ただし、ここでポイントがあります。それは、決して「商品」ではなく、「仕掛け」を取り入れるということです。

みんな「仕掛けようかな?」と思っているのに…

②仕掛けなければならない〝環境〟〝状況〟づくりをする

ミーティングや朝礼で、とにかく勇気を持って実施した部下（担当者）を〝褒めちぎる〟——。

ここが〝肝〟です。「褒める」んじゃないのです。「褒めちぎる」のです。

「ここまで褒めるか?」というぐらい褒めちぎるのです。

そうすると、本人は「調子に乗ってきます」よね。さらにどんどん仕掛けます。

そして、周りの人間は、「そこまで褒めるかよ!」と思う。

でも、人間誰しも「他人に認めてもらいたい」「他人に褒められたい」という気持ちがある。

人間はもともと「痛みを避けて、快楽を得る」習性のある動物なのですから…。

だから、「仕掛け」ようかな?と思ってくる。

そこで、一言「殺し文句」を言う。「○○君にも期待しているよ!」

〝関心の見える化〟です。

よく仕掛けない人は「やる気のない人間」と位置づけられますが、小生は違うと思うのです。実施するのが怖いだけなのです。

「失敗したらどうしよう」って思うのです。だって、失敗したら「痛み」が伴いますもん。

みんな「仕掛けようかな？」とは思っているのです。

あとは〝最初の一歩〟を踏み出せるかどうかなのです。

そこを後ろから押してあげるのです。〝必殺の一言〟を発するだけでいいのです。

「失敗してもいいから。私が責任持つから…」

③仕掛けて、失敗したことをしからない、とがめない

あの「トヨタ」さんの人づくりの〝肝〟は、「まず、やってみる」、だそうです。

「何も変えないことが、最も悪いことだ」

これは、トヨタの会長である奥田碩氏がいつも言われることだそうです。

「トヨタのトップは新しいアイデアを産む努力をせず、新しい挑戦をしない者をしかる。だが、努力し、挑戦したが失敗した者はしからない。

重役の役目は、部下のアイデアや挑戦を批判するのではなく、助けることだと言われてきたし、そうしてきたつもりである。そのため試行錯誤できるのである」

トヨタ自動車顧問の楠兼敬氏の言葉です。

収益の高い企業ほど、儲かっている企業ほど、「失敗をしからない」のです。

失敗をしからないから、「実行力」が生まれるのです。「考える力」が進化するのです。

それを、「指揮者」たる店長は知っている。

だから、仕掛けたことについて失敗してもとがめない。

ただし、「なぜ、失敗したのか?」の原因を一緒になって考えてあげることをする。

これが〝必殺の行動〟です。

「一緒になって失敗した原因を探し、そして改善点を見つける」

そうすると、また「仕掛け」るのです。これが、「同じ失敗をしない」コツ。

そして、そのことが、「仕掛け」を怖がらずに挑戦するコツだと指揮者的店長は知っています。

だから、失敗してしかることよりも、失敗したときのフォローを考えることが大切なのです。

「育てる」とは考える力を身に付けさせること

④「モデリング」手法をうまく活用する

「結果」を変え続けている店は、とにかく「良いことは〝すぐに〟まねる！」という文化があります。

それは、「指揮者的」店長がいるから、です。

常にアンテナを張りめぐらせ、「結果が出たぞ！」という情報が入ったら、すぐに行動する。

そして、「素直な気持ち」でそっくりそのまままねる。

それで失敗したら、「何が違うのか？」を、結果の出ている他店の担当者のもとへ行って、すぐに〝考え方〟を聞く。

そして、今度は〝考え方〟からまねる。

これを、前著でも触れましたが、「モデリング」といいます。

それを徹底的に行うと、必ず同じ結果が生まれるのです。

「指揮者」的店長は、〝アイデアは他にあり！〟を知っている。〝売れるヒットは他店にあり！〟を知っているのです。

だから、あとは、すぐに「素直な気持ち」で「モデリング」するという〝店の文化〟を創ることだけだということを知っているのです。

よって、指揮者的店長の店は、結果が常に変わり続けているのです。

「商品には地域性がある。しかし、売り方には地域性はないのです」――これは小生の持論でもあります。

さて…。

「店舗活性化」という言葉、よく使われます。

でも、その方法はというと、「競合店調査（マーケットリサーチ）」「POS分析」「モチベーションアップ」といったところが相場でした。

そして、「店長研修」もそんなカリキュラムで行われてきました。

しかし、小生には疑問が生じたのです。

会社は多額の投資をしているにもかかわらず、店舗が活性化しないのはなぜか…。

小生の「店長ウオッチング」がスタートしたのは、それからです。

その結論が前述のような「店長はオーケストラの指揮者たれ！」になりました。

そして、本当の意味での「店舗活性化」とは〝人を育てる〟ことなんだということに気づかされたのです。

近年、急激にスーパーマーケットも「システム整備」され、すごく便利になりました。

しかし、あまりにも急激に「システム整備」が進んだことにより、働いている人が「考える」ことをしなくなりました。

だから、本当なら、これだけ「システム整備」され、これだけ「人に投資（教育）」しているのですから、20～30年前から比べたら、飛躍的に荒利益、並びに営業収益が改善されていなければならないはずです。

いわゆる〝儲かって〟いなければならない。

でも、現実は20～30年前と比べても収益力や荒利益は向上していない。

なぜか？

それは「考える力」が弱くなっているからではないでしょうか。

「人を育てる」ということは、すなわち「考える力」を身に付けさせることではないかと思うのです。

考える癖を付けさせれば、「感性指数（EQ）」が高まってくるのです。

感性が高まってくれれば、「お客さまが何を欲しているか？」が必然とわかってくるはずです。

だから、「考える力」が店舗活性化につながるのです。

「部下の無能を嘆くより、部下に〝考える力〟を身に付けさせることができない自分の無能さこそを嘆くべき」、なのです。

最終章

ブルーオーシャンが「人を育てる」

――「管理」という言葉をやめて「基準」という言葉を使おう！

「規則は少ないほどよい。
従業員に自由と自主性を与えれば、
もっと会社の経営に関心を抱き、
意欲と責任を持って仕事に取り組むようになる」

（ホール・フーズ創業者　ジョン・マッキー）

「言われたまましかしない」子供を育てていないか？

「在庫管理」「販売管理」「品質管理」「鮮度管理」……。

とにかく、「管理」という言葉が、小売業やスーパーマーケット業界の方々は大好きです。

「管理」とは、「～してはいけない」「～以下（以上）しなさい」「～という決め事を守りなさい」など、拘束するものです。

確かに、「企業」が大きくなればなるほど、マネジメントはこの「管理」をしていかないと「企業を統率」できないというのも事実です。

しかし、すべてを「管理」という言葉で縛ってしまうと、人間って「考えなくなる」と思うのです。

子供の教育と同じで、子供も、お母さんが「あれをしちゃダメ！」「これはしちゃダメ」と管理し過ぎると、自主性や自発性のない子供になり、自分で考えることをしなくなる。

「言われたままましかしない」子供が育って、「言われるまで、ボーッと立っている」子供になるのです。

これは〝大人の世界〟〝仕事の世界〟でも同じだと思うのです。

確かに、管理者は「言われるままにしてくれる」部下は扱いやすいかもしれません。

しかし、それでは企業（店）は活性化しません。

だから、「管理」という言葉も大切ですが、これからの時代、もっと違う言葉を使ってみてはどうでしょう。

または、「管理」だけでなく「やる気」や「基準」を上げるという積極言葉に変えてみてはどうでしょうか。

例えばこういうふうにです。

①「鮮度管理」ではなく、「鮮度基準」

鮮度管理って、「鮮度劣化した商品は陳列しない」「鮮度劣化を防ぐために蘇生作業する」ということですよね。

しかし、これでは競合店との圧倒的な〝違い〟は出ないし、担当者のレベルも上がらない。

そこでまず、「鮮度管理」を、「鮮度基準」という言葉に変えてみる。
そうすると、たった「言葉」を変えただけで、〝現実〟が変わってくるのです。
「基準を上げる」となると…。
・販売期限を短縮しよう
・在庫を現状の２・０日分から１・０日分へと在庫基準を高めていこう
・仕入れの鮮度基準を高めて「朝どれ」商品を増やそう
などというアイデアや行為が生まれてきて、それがそのまま、競合店との圧倒的な〝違い〟になってくるのです。

そして、担当者の〝考え方〟の基準が上がってきます。

「早寝早起き」より「早起き早寝」の方が積極的

②「作業管理」ではなく、「作業基準」
「作業を管理して、効率化を図る」ということも大切ですけど、「作業管理」や「計画（スケジューリング）」をしてもなかなか効率化できないのが今の現状。

よって最終手段はただ一つ。「強制執行」イコール「人員削減」。

「そうすれば、否が応でも作業の効率化が図れる」……。

確かに、これも一つの手段だと思いますが、これでは「店舗が陳腐化」してしまいます。

ここでも、「作業管理をする」という言葉を「作業基準を上げる」という言葉に変えることが必要だと思うのです。

「作業基準を上げる」。そうすると、考え方まで変わってきます。

例えば、ある企業がこんなことをしてみたのです。

「作業基準を上げよう」という合言葉のもと、「ムダ・ムラ・ムリ（ダラリの法則）」の順番を変えてみました。そうすると効率化が見えてきたのです。

作業効率化の基本が「ムラ・ムリ・ムダ」という順番にしたことによりわかってきたのです。

「仕事の量のバラつき、すなわち〝ムラ〟が発生するから、仕事の量がバラつく。

そのために、仕事の量の多い時期に間に合うようにと、〝ムリ〟をして余分な設備や人を抱えることになる。これが〝ムダ〟を生む。

そうならないために、日ごろから作業を〝平準化〟し、〝標準化〟を進めよう」と…。

そこで、まず、「ムラの探索」を始めたのです。ムラを発見し、それから作業にバラつきがないように、すべての「作業基準」をつくり上げていったのです。

ただし、この作業基準をつくり上げるに当たって注意したいことは、「ああしろ！こうしろ！」「このマニュアル通りやれ！」ではなく、「なぜ非効率」になっていたのか？の〝作業効率〟の「考え方」をしっかりと全社員に理解させることでした。

「考え方」を理解し、納得すれば、自発的・自主的に「作業の基準」が上がるようになるのです。

（そのためには、評価してあげる、という「評価基準」をつくる、という環境整備が必要なのです）

「管理」から「基準」へ。

言葉を変えるだけでも、人間って「思考」が変わるものです。

例えば、「早寝早起き」より、「早起き早寝」の方が、何か積極的な感じがします。

実際、親が「早く寝なさい」と言っても子供は寝ませんし、寝られるものでもありません。

しかし、「早く起きなさい」と、朝早く起こし、しっかりと朝食を食べさせる。

そうすれば元気に学校へ行くことができる。

朝からしっかり勉強して、しっかり遊べば夜は自然と眠くなる。

こういうことではないでしょうか。

「企業文化を変えるとは、会社内で使う言葉を変えることから始めることである」

小生は、そう思います。

売上げは「目標」、荒利益高や営業経費は「計画」

「マネジメントの父」といわれた故P．F．ドラッカー博士は、「目標」についてこう言っています。

「目標は絶対のものではなく、方向を示すものである。

命令されるものではなく、自ら設定するものである。

未来を決めるものではなく、未来を創るために資源とエネルギーを動員するためのものである」

ですから、目標は「自ら設定」しなければいけないのです。

そして、目標は絶対に達成するものではなく、あくまでも「こうなりたい」という方向性を示すものでいいのです。

しかし、この「目標」がないと未来を創ることができないのです。

そして、「目標」を明確にすることにより、「今、どのようなことをしなければいけないのか」が見えてきます。

皆さんは、会社から与えられた数字以外に、自ら設定した「目標」を持っていますか？

この「目標」を持って仕事をするのと、しないのとでは全く違う〝結果〟が出てきます。

一方、「計画」とは何でしょうか？

それは、P．F．ドラッカー博士風に言うと、「未来を決めるもの」になるのでしょうか。

会社が存続または発展していく上において、「絶対に必要な数字」。

だから、「計画」は会社から与えられた業務遂行責任とでも言った方がよいのでしょう。経営者であれば自ら自分に与えた業務遂行責任。

ですから、よく小生はこういうことを言います。

「売上げは目標。荒利益高や営業経費は計画」

売上げは自ら設定し、その売上目標を達成するために、資源とエネルギーを動員する。

しかし、荒利益高や営業経費は目標ではいけない。

計画なのです。「絶対に達成しなければいけない数字」なのです。

会社から与えられた〝業務遂行責任〟の数字なのです。

この「目標」と「計画」をしっかり理解してないと、〝儲からなく〟なります。

ぜひ、この「目標」と「計画」の意味を全社員に浸透させ、ブルーオーシャンな経営に進んでみてください。

自店の「コンフォートゾーン」を上にずらす

「コンフォートゾーン」という言葉があります。

「脳科学」分野の専門用語なのですが、簡単に言ってしまえば、普段生活している場所、家や会社のことで、そこの空間がコンフォートゾーンということになります。

例えば、行きつけの飲み屋に行くと、なんとなく安心するけれど、初めての飲み屋に行くとなんとなく不安になるということがありますよね。

要するに、常に慣れ親しんだところは安心・安全であると人間の脳は考える、ということです。だから、コンフォートゾーンにいるときはリラックスできて、パフォーマンスも最大に発揮できる。

サッカーなどのスポーツで、「ホームは強いがアウェーは弱い」というのは、まさにこの「コンフォートゾーン」現象なのです。

ですから、日商300万円平均の企業が、日商1000万円平均の企業になることを目標にしたならば、日商300万円平均のコンフォートゾーンを日商1000万円平均のところに持っていく必要があるのです。

日商300万円平均しか売っていない企業は、そのレベルがコンフォートゾーンなのですから、その企業の社員は、日商300万円平均の世界しか見えないわけです。

目の前に、1000万円平均売れるチャンスがあっても見えないのです。

そして、仮に見えても、ホメオスタシス（脳科学用語）という、現状に戻そうとする強い脳機能が働いて、知らず知らずのうちに制御（ブレーキ）をかけてしまうのです。

例えば、「お金が欲しい」「お金持ちになる方法ないかな」と思っている人が、なぜ、お金持ちになれないのか？

それは、「お金がない自分」がコンフォートゾーンになっているからです。

宝くじで「1億円」当たった人のほとんどが、その後の人生をおかしくしてしまうというのも、これなんですね。

「お金がない自分」がコンフォートゾーンだから、「お金が突然入ってくる」と不安になる。居心地が悪くなる。

だから、また「お金のない自分」に自然と帰ってしまうのだそうです。

では、どうしたらこの「コンフォートゾーン」をずらすことができるのか？

まずは、「日商平均1000万円の店をつくる」と〝アファメーション（積極宣言）〟をし、そして、全社員に言い続けて、徹底的に「メンタルイメージ」するのです。

そうするとどうなるかというと、「日商平均1000万円の店は何を実践しているのか」知りたくなる。だから、徹底的に日商平均1000万円の店を研究し、「モデリング」していくわけです。

結果、必然的に〝基準〟が上がり、いつの間にか「コンフォートゾーン」が日商100万円平均に変わってくる。

「平均日商300万円」の〝基準〟が嫌になってくるのです。

だから、今まで実施していなかった「新しいこと」にどんどんチャレンジするという文化が生まれてくる。

しかし、ほとんどの企業がこの「コンフォートゾーン」をずらすことをしない。

「うちでは無理だな～」「あの企業だからできるんだよー」「もともと、能力のある人間なんでしょー」となる。

なぜか？　そういう基準や企業・人間を認めたくないからです。

自分の「コンフォートゾーン」以外だから…。

今までの〝基準〟では到底達成できないような「目標」

なぜ、小生がこう断言できるのかというと、自分自身が体験したからです。

7～8年前まで、小生は〝うだつの上がらない〟コンサルタントでした。

しかし、ある一人のレジチェッカーの一言で、「コンフォートゾーン」をずらすことを決意しました。

そして、「目標」を〝アファメーション（積極宣言）〟したのです。

というより「人生の目的」を決断しました。それは…、

「自分の人生の目的は、世の中の人々が幸せを勝ち取るまで、夢と希望と勇気を与え続けられる、情熱の変革者・教育者となることである」

というものです。

これを強く意識化し、「コンフォートゾーン」をずらすようにしたのです。

すると、どうでしょう。このように、本を書くことができるようになりました。

一個人でインターネットTV「商人ねっと（あきんど）」というサイトを開設することができました。年間300日以上のコンサルティングや講演を行うようになりました。

そして、数多くの成功企業や繁盛店のお手伝いができるようになりました。

だから、自信を持って、皆さんにおすすめします。

「目標を高く意識化し、コンフォートゾーンをずらすように行動すること」を…。

そして、管理一辺倒ではこの「コンフォートゾーン」をずらすことができません。

〝脱管理〟で、「目標」を持たせ、〝考える力〟と〝行動力〟を付けさせることが企業の成長、ひいては「儲かる」会社に変貌させることができるのではないでしょうか。

商人伝道師流ＰＤＣＡサイクル

「Plan（目標・計画）→Do（実践）→Check（検証）→Action（改善）」というサイクル。この「ＰＤＣＡサイクル」を導入しているスーパーマーケット企業は意外と多い。しかし、あまり結果が出ていないのも事実です。

そこで、「結果が大きく変わる」、商人伝道師流の〝「スパイラル型（竜巻型）」ＰＤＣＡサイクル〟を紹介しましょう（図表㉘参照）。

この〝スパイラル型〟は、サイクルを一周したら、Planの時点で「基準」が上がっているというものです。

まずは通常のＰＤＣＡサイクルとの違いの一つとして、「Planを〝計画〟と読むか？〝目標〟と読むか？の違い」です。

前述しように、目標は「絶対的なものではない」。だから、「自己への挑戦」「限界への図表㉘　「スパイラル型PDCAサイクル」

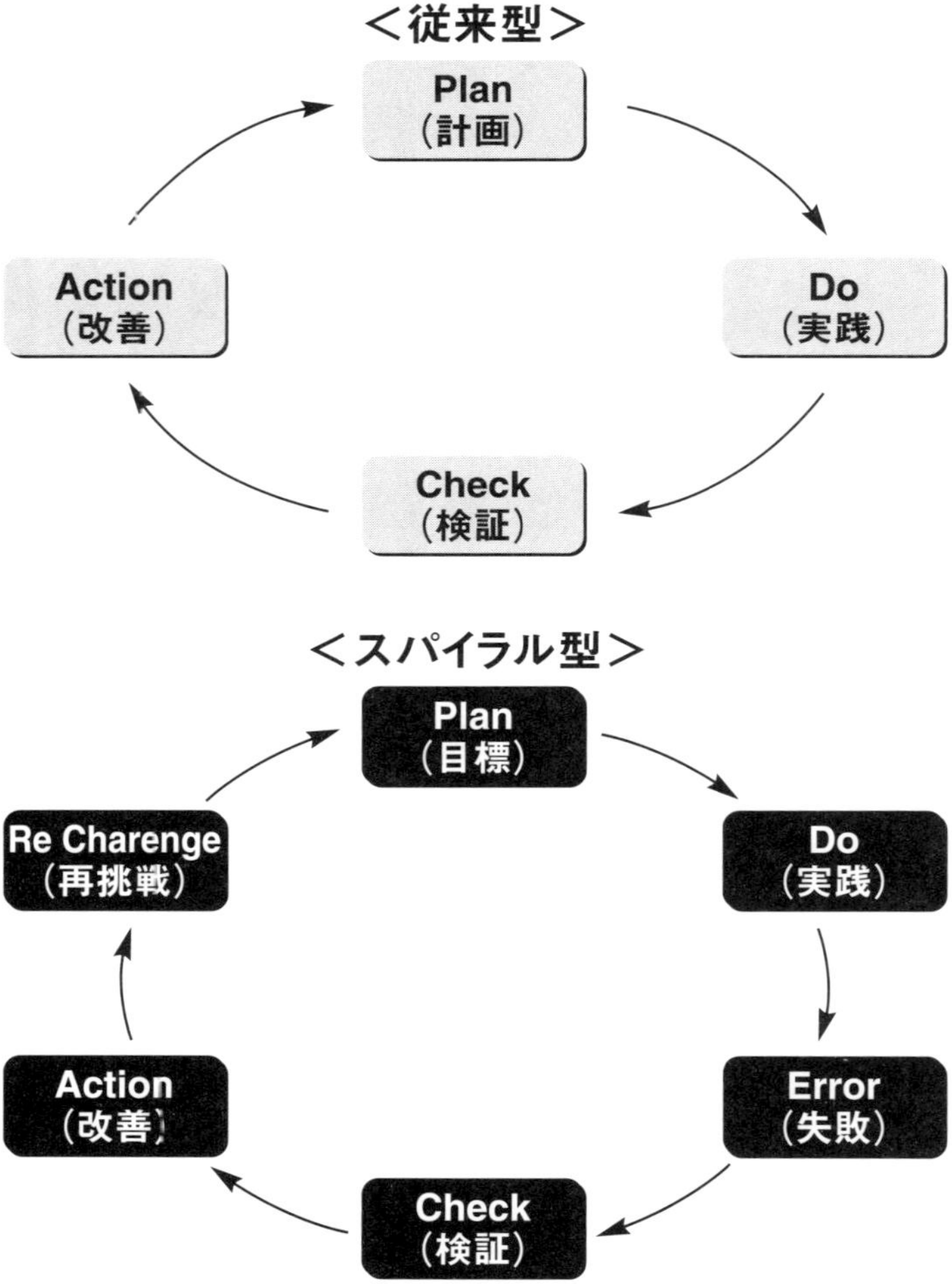

挑戦」「異常値への挑戦」にする。

今までの自分自身の〝基準〟では、到底達成できないような「目標＝チャレンジ」をまず立てるのです。

次に、2つ目の違いがPDCAサイクルの中に「Error（失敗）」があるということです。

「失敗の数だけ成功がある」とよく言われますし、今までの自分自身の〝基準〟では到底達成できない「目標」にチャレンジしたわけですから、まず必ず「失敗」します。

逆に、簡単に達成できるような目標は、低過ぎるということなのです。

「失敗」――。これが、商人伝道師流「スパイラル型PDCAサイクル」の〝肝〟なのです。

「なぜ失敗したのか？」を徹底的に検証して、「改善策」をあぶり出す。

それから、3つ目の違い、「再挑戦（リ・チャレンジ）」に向かうわけです。

その改善事項を基にして、また挑戦（リ・チャレンジ）してみる。

すると必ず1回目の「Do（実践）」より失敗が少なく、目標への達成度が高くなる。

これを繰り返し行う。そうすれば必ず「目標」を達成することができるのです。

もうこの時点で、かなりの「基準」が高まっています。

この基準を基にして次のPlan、すなわち目標を立てるのです。

これが、商人伝道師流「スパイラル型PDCAサイクル」です。

このPDCAサイクルを実践すると、ものすごい「スピード」で、「基準」が上がりますよ。

「成功しろ」から「失敗も良し」へと発想を転換する

しかし、「管理」一辺倒の企業ではこうはいきません。

なぜか？　それは「失敗が許されないから」「失敗するととがめられるから」です。

だから、「脱管理」が必要なのです。

「〝成功しろ〟から〝失敗してもいい〟」に発想転換していくのです。

「失敗してもいいから思い切ってやれ！」と。

あとは、「なぜ、失敗したのか」を考えればよいだけなのです。

このような環境をつくってみませんか？

ものすごく「儲かる」会社になって、「働きたい企業」に選ばれる可能性は今よりはるかに大きくなるはずです。

図表㉙は、P・F・ドラッカー博士の「マネジメントの5つの仕事」です。

ドラッカー博士の言っておられる「マネジメント」こそ、「脱・管理」だと思います。

先述したように、日本では「管理＝束縛する」という意味にとらえています。

しかし、ドラッカー博士は、「管理とは自らを方向づけることを意味する。しかし、人を支配することも意味しうる」と言っておられます。

「管理とは自らを方向づけることを意味する」のです。

でも、日本では「管理」とは、「人を支配すること」と思われている。

だから、スーパーマーケット業界でも「管理」とは「人を支配すること」と思っている人がほとんど。

ところが、ドラッカー博士の「マネジメント」とは、「目標を設定する」「動機づけを行う」「コミュニケーションを図る」「自らを含めて人材を育成する」であり、スーパーマーケット業界で理解されている「管理」の意味とは正反対の言葉が並んでいます。

本来、「マネジメント（管理）」とは、「人を育てる」ためにあるのではないでしょうか。

図表㉙　P.F.ドラッカー「マネジメントの5つの仕事」

① 「目標を設定する」

目標領域を決め、それぞれについて到達地点を決める。

そのために行うべきことを決める。連携する人たちとのコミュニケーションによって、それらの目標を意味あるものとする。

② 「組織する」

活動・決定・関係を分析し、仕事を分類する。
分類した仕事を活動に分割し、作業に分割する。
それらの活動と作業を組織構造にまとめる。
マネジメントを行うべき者を選ぶ。

③ 「チームをつくる」

そのために動機づけを行い、コミュニケーションを図る。

④ 「評価する」

そのために、尺度を定める。
評価測定の尺度ほど、組織全体と一人一人の成果にとって重要な要因はない。

⑤ 「自らを含めて人材を育成する」

(「マネジメント—課題、責任、実践」より)

本来、「小売業は人がすべて」の業態です。

その人を「育てる」環境づくりこそ、「脱・管理」だと思うのです。

「日本人は失敗を恐れすぎる。どだい、失敗を恐れて何もしないなんて人間は、最低なのである」（ホンダの創始者　本田宗一郎氏の言葉）

「成功しろ」から「失敗も良し」へ発想を転換し、「なぜ、失敗したのか？」を一緒に考える。

その「習慣」をつけていけば、店や個人のレベルを飛躍的に上げることができます。

「お金を失うのは小さく、名誉を失うのは大きい。しかし、勇気を失うのはすべてを失うことである」（元イギリス首相　ウィンストン・チャーチルの言葉）

これからの時代、安定は衰退です。

失敗を恐れチャレンジをしないのが一番まずい。

失敗から学ぶことができれば、失敗ほど人を成長させてくれるものはない。

人づくりは、上司の「やらせる勇気」と、部下の「失敗から学ぶ力」から生まれてくると小生は信じています。

おわりに

I have a dream.

――愛情と執念が相まって事が成る

小生には〝夢〟があります。

それは、「スーパーマーケットを含む小売業界の地位向上を果たす」というものです。

この業界の地位向上のために、これからの人生を捧げようと決めています。

スーパーマーケットで働いているお父さんやお母さんが、子供たちに向かって自信を持って「スーパーマーケットってこんなに地域に貢献している仕事なんだよ」と話せる業界にする。

子供たちから、「将来はお父さんやお母さんと同じようにスーパーマーケットで僕は働くんだ」と言ってもらえるような業界にする。

そのためには、もっともっと業界の地位を上げなければいけません。

そして、給与水準も高めていかねばなりません。

実は、小生は幼少の時代から「商売人」が大嫌いでした。

「スーパーマーケット」が大嫌いでした。

というのも、両親が九州・宮崎のど田舎でミニスーパーを経営していて、店の手伝いばかりさせられていたからです。

そして、よその家庭のように、正月休みや夏休みの家族旅行など、家族で過ごす時間など全く無縁でした。

だから…。兄弟3人でいつも「いいな〜、○○ちゃんの家は…」と恨めしく言っていました。

だから…。「正月やお盆休みがあって、週休2日制のある仕事に就く」ということを小さい時から決めていました。

だから…。「商売人」は大嫌い、だったのです。

それが今では、その「商売人」の方々のお手伝いをする仕事をしています。

不思議です。

そのきっかけは、両親が営んでいた「ミニスーパー」の倒産でした。

近くに大型ショッピングセンターが出店してきて、大打撃。

両親は、もともとスーパーマーケットの勉強などまともにしていませんでしたから、とにかく対抗するとしたら「チラシの乱発」のレッドオーシャン闘争のみ。

両親のミニスーパーは、ショッピングセンター出店後、5年で倒産。

大学を卒業したばかりの小生は、リースや銀行借入の「連帯保証人」にさせられた。

両親が、親戚縁者から見放されたからです。

そして、倒産した瞬間から、リース会社から返済の電話、銀行からの借入返済の督促状が毎月のように来る日々が続きました。

それは、大学を卒業したばかりの若者にとって「地獄」のような日々でした。


でも、この「苦しさ」があったからこそ今の小生があります。

「スーパーマーケットを含む小売業界の地位向上を果たす」という大きな夢を持って働くことができるのも、あの時の体験があるからです。

ですから、今では両親にも感謝しています。

そして、スーパーマーケットで働いている家族の方々には、絶対に幸せになってほしいと心の底から思っています。

もっと地位を上げて、もっと給与水準を上げて、スーパーマーケットで働いている家族を幸せにしてあげたい。

こんなに地域の生活に密着し、努力している業界はないのに、社会的に認められていない。

絶対におかしい――。

だから、もっとスーパーマーケットの会社に儲かってほしい。

この業界で働くことに誇りを持てるようになってほしい。

そういう願いを込めて、本書を執筆しました。

本書を読んで、「スーパーマーケットのブルーオーシャン戦略」に取り組もうと思われた皆さんに私からこの言葉を贈らせてもらいます。

「人が事を成す上で欠かせないものは、執念である。

努力は誰でもする。

その努力が執念と呼べるほどのものになって事は成る。

その執念を生み出すもとは、仕事に対する愛情である。

偉大な〝愛情〟と〝執念〟の努力。

この二者が相まって初めて事は成るのです」


最後まで読んでいただいた読者の皆さんに心から感謝します。

「皆さんと一緒に幸せになりたい」「この御縁を大切にしていきたい」と、今は心底そう思っています。

ですから、ぜひ、皆さん、小生に会いに来てください。

小生が毎日更新しているブログ「商人伝道師 〝一日一言〟」(http://akindonet.exblog.jp/)にアクセスしてください。

小生が出演しているインターネットTV「商人ねっと」の「商売繁盛虎の巻」(http://www.akindonet.com/)を視聴してください。

これを〝御縁〟に皆さんと深いつながりを持てることを願っています。

最後に…。

いつも〝無理難題〟と思えることばかり申しているにもかかわらず、「勇気を持って」挑戦してくれているクライアント企業の皆さんに感謝します。

いつも小生の〝ニューへの挑戦〟の提案にビックリしながら「やり抜いて」くれている商人ねっとのアソシエイト（社員）たちに感謝します。

いつも夢ばかり追い求めて、〝仕事オンリー〟の小生を陰ながら支えてくれている、愛する家族に感謝します。

「本当にありがとう。みんな愛してます」

商人《あきんど》ねっと

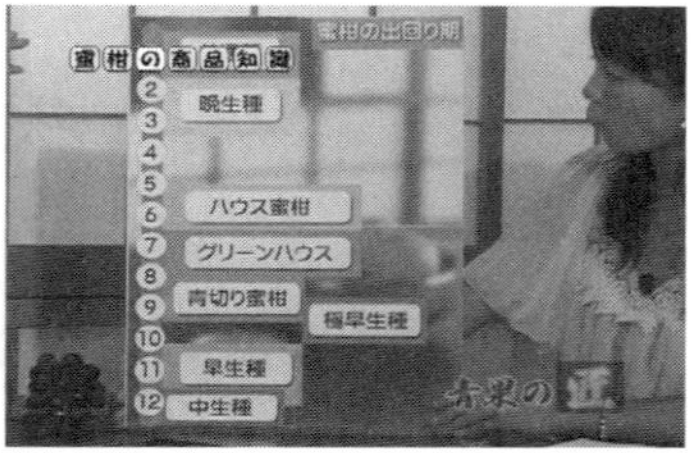

個人会員募集中

会員登録無料！
今なら1,000円分のポイント
プレゼント中！

［著者略歴］
水元　均●みずもと　ひとし
日本経営コンサルタント株式会社代表取締役。1963年宮崎県生まれ。東海大学卒。経済産業大臣登録中小企業診断士。日本経営コンサルタント株式会社、商人ねっと株式会社代表取締役社長。スーパーマーケットを中心としたコンサルティングの他、小売業専門インターネットTV「商人（あきんど）ねっと」（http://www.akindonet.com/）のエグゼクティブプロデューサーも兼ねる。また、スーパーマーケット業界随一の集客を誇る“セミナーの新常識”「やる気と感動の祭典」など、セミナーの企画・運営も行っている。さらに、毎日更新しているブログ「商人伝道師“一日一言”」（http://www.akindonet.exblog.jp/）は1日2000人以上がアクセスする“超人気ブログ”となっており、今、最も注目を集めている“新進気鋭”のコンサルタントである。

連絡先　〒104－0045　東京都中央区築地6－4－5－801
日本経営コンサルタント株式会社
Tel.03-3543-4865　Fax.03-3543-3776
E-mail : info@nihonkeiei.co.jp

スーパーマーケットのブルーオーシャン戦略

2009年7月3日　第1刷発行
2009年8月25日　第4刷発行
著　者　水元 均
発行者　利波章良
発行所　株式会社　商業界
http://www.shogyokai.co.jp/
〒106-8636　東京都港区麻布台2－4－9
電話［販売部］　03-3224-7478
振替口座　00160-6-4018
装　丁　ecru 徳武伸子
印刷・製本　株式会社シナノ

ISBN978-4-7855-0354-3　C0063 Printed in Japan